日本語解説入り
CD付き

# 超基礎
# 聞くための英語練習ノート

「つながる音」「消える音」でリスニングの「壁」を越える!

Step 1

ハイペリオン英語教育事業部=編 ［TOEIC®テスト研修のプロフェッショナル］

朝日出版社

## はじめに ……英語力を上げるために

　日本人は中学校から授業で英語を学びます。しかし、6年から10年をかけても英語を使える人はわずかです。
　日本人に不足している英語力は何か？　日本人のための教材や学習プログラムの開発を行うのに、それを見つける事が必須でした。
　TOEIC®テストの企画から参加し数万人のビジネスマンの研修を手がけた経験と理論を元にして、また、TOEIC®テストの企画から運用研究や教材開発までを手がけた、故三枝幸夫教授の貴重な文献も参考にさせていただきました。
　そして、私たちが得た結論はこうです。

日本人に不足している英語の力とその対策は
1 【音】　　　音の変化を知って身につける
2 【スピード】英語の4技能（聞く・読む・話す・書く）のスピードを上げる
3 【量】　　　ボキャブラリーや表現の習得量と使う量を増やす

　この本の元になったプログラムとメソッドは、まず中学・高校向けのリスニング教材になって、昨年4月から都内の8クラスで使用されています。その良好な結果に自信を深めてさらに改良を続けるなか、今回あらためて、初心者でもひとりで使いこなせる、ドリル形式の学習書にまとめることになりました。

「すべての母語の習得は聞くことから始まる」

　まずは聞くことからスタートです。そしてトレーニングを実践して下さい。
　きっと、目から鱗が落ちるような思いや、短時間で得られる達成感をもたらします。

　たくさんの識者や指導者のご協力によって生み出せた効果を、あなたも手に入れてください。

2009年3月　　編者

# CONTENTS

はじめに──英語力を上げるために 3

本書の構成と使い方 6
音の変化のカタカナ書きについて 8

1 The guarantee is valid ... 「保証が適用されます」 10
2 That's a waste of ... 「〜のむだだよ」 12
3 Is that ...? It is ... 「〜ですか？ 〜です」 14
4 I'll be sure to ... 「必ず〜します」 16
5 I'm not sure if ... 「〜かどうか、分からない」 18
6 leave me alone 「そっとしておいて、ほうっておいて」 20
7 Please feel free to ... 「遠慮なく〜してください」 22
8 be careful 「気をつけて」 24
9 I found ... 「〜と思った、気づいた」 26
10 It looks like ... 「〜しそうだ」 28
11 Keep it a secret. 「秘密にしてね」 30
12 He didn't say a word ... 「彼は発言しなかった」 32
13 I didn't mean to ... 「〜するつもりはなかった」 34
14 I see what ... 「〜は分かります」 36
15 I'm surprised ... 「〜には驚いた」 38
16 run out of ... 「〜が切れてなくなる」 40
17 You know ...? 「〜が分かる？」 42
18 You know ..., don't you? 「〜は分かりますね」 44
19 Do you know of ...? 「〜を知っていますか？」 46
20 I have an appointment with ... 「〜に会う約束がある」 48

● リスニングの「壁」を越えるためのヒント 50

21 I have trouble ...ing 「〜するのに苦労している」 52
22 I'm happy to ... 「〜してうれしい」 54
23 I've never heard of ... 「〜については聞いたことがない」 56
24 I'm looking forward to ... 「〜することを楽しみにしています」 58
25 I came up with ... 「〜を思いついた」 60
26 We came close to ... 「〜しそうなところまで行った」 62
27 went on longer than ... 「〜よりも長くかかった」 64
28 What's going on? 「どうなっているの？」 66

| | | |
|---|---|---|
| 29 | What happened to …? 「〜に何が起こったの？」 | 68 |
| 30 | What about …? 「〜はどうなってるの？」 | 70 |
| 31 | When should I …? 「いつ〜したらいいですか？」 | 72 |
| 32 | Why aren't you going to …? 「どうして〜しないの？」 | 74 |
| 33 | How come …? 「どうして〜？」 | 76 |
| 34 | How are …? 「〜はどう？」 | 78 |
| 35 | I agree with … 「〜に同感です」 | 80 |
| 36 | Would you like …? 「〜はいかがですか？」 | 82 |
| 37 | Let it go … 「それでよしとしましょう」 | 84 |
| 38 | Let's move on to … 「〜に移りましょう」 | 86 |
| 39 | Why don't you …? 「〜すれば？」 | 88 |
| 40 | Why don't we …? 「〜しませんか？」 | 90 |

● リスニングの「壁」を越えるためのヒント　92

| | | |
|---|---|---|
| 41 | Is there …? 「〜がありますか？」 | 94 |
| 42 | Here's … 「はい、これです」 | 96 |
| 43 | There's no room for … 「〜の余地がない」 | 98 |
| 44 | I'm so tired that … 「とても疲れているので〜」 | 100 |
| 45 | I was too busy to … 「〜するには忙しすぎて」 | 102 |
| 46 | She'll make … 「彼女は〜になるだろう」 | 104 |
| 47 | I was going to … 「〜するつもりだった」 | 106 |
| 48 | can afford to … 「〜する余裕がある」 | 108 |
| 49 | No wonder … 「どうりで〜なはずだ」 | 110 |
| 50 | Can you …? 「〜してくれますか？」 | 112 |
| 51 | Could I …? 「〜してもいいですか？」 | 114 |
| 52 | Could you …? 「〜してください」 | 116 |
| 53 | I do want to … 「ぜひ〜したい」 | 118 |
| 54 | You have to … 「〜しなければいけない」 | 120 |
| 55 | I used to … 「〜したものだ」 | 122 |
| 56 | May I …? 「〜したいのですが」 | 124 |
| 57 | I'd like to … 「〜したいのですが」 | 126 |
| 58 | Would you …? 「〜してもらえますか？」 | 128 |
| 59 | is called … 「〜と呼ばれる」 | 130 |
| 60 | I can't believe … 「〜だなんて信じられない」 | 132 |

● リスニングの「壁」を越えるための⑥⓪例文リスト　134

# 本書の構成と使い方

## 1 例文を見ながら聞きましょう　聞見
### 意味と音の変化を説明します

例文ごとに英語の意味と音を十分に理解することから始めましょう。
意味は、まず日本語訳を見て下さい。
重要な単語や表現は、右ページの下で説明しています。
音は、まずネイティヴの音声をよく聞いて下さい。
「こう聞こえる・こう言う」では、記号とカタカナ書きを使って、音の変化（つながる音、消える音）を説明しています。注意すべきアクセントは太いカタカナで示しています。

## 2 口慣らししましょう

理解できた例文を身につけていきましょう。最初は音読です。
①まず音の固まりごとにスムーズに言えるまで練習しましょう。
　英語の音は、構文や意味と無関係にまとまることもあります。
　練習しやすいように、適切な音の固まりを示しています。
②つなげて言えるまで練習しましょう。
　固まりが言えるようになったら、つなげて文全体を言えるようにします。
　CDを聞いてネイティヴの音声を聞き直すとさらに効果的です。
上手な真似を目指しましょう。言えるようになった英文なら聞き取れます。

## 3 CDの後について言いましょう 聞書
発音とリズムをできるだけ真似してください

ネイティヴの音声と練習の成果を比べながら磨きをかけましょう。
この方法はシャドーイングと呼ばれ、プロの通訳者もトレーニングに取り入れています。
ネイティヴの音声を聞きながら、少し後からついて言ってみましょう。
発音とリズムを真似して、出来ぐあいを確かめながら身につけることができます。
自信がつくまで繰り返しましょう。上手に真似できれば楽しみながら達成感が味わえます。

## 4 英文を正確に書き写しましょう

次は、英文を書いて身につけます。例文を見ながら正確に書き写しましょう。英文の意味や表現を確かめながら書けば、知識が英文の形でしっかり定着していきます。ここでは書き写すスピードは意識しなくても大丈夫です。

## 5 聞いて書き取りましょう 聞書
最初は穴埋めから挑戦

仕上げの段階です。この方法はディクテーションと呼ばれ、やはりプロも行うトレーニングです。
英文を見ないで聞き取り、すぐに書き取っていく練習です。
1回目　最初は穴埋めから挑戦して下さい。
2回目　全文の書き取りに挑戦しましょう。
音が変化している箇所以外の聞き取りにくい部分もはっきりします。
その単語や言い回しは、他の英文の中で聞いた時にも同様に聞き取りにくいはずです。意識して覚えるようにして下さい。

### 学習の目安

　レッスン1から60まで、できれば通して**2回以上チャレンジしてください**。2回以上チャレンジすれば学習効果もてきめんです。
　各レッスン1回5分、60レッスンで5時間の目安です。慣れてくれば1回5分以内で学べるでしょう。1日10分2レッスンとして1ヶ月で1冊分が終了。2ヶ月で本全体を2回学習できます。
　CDの最後に、例文のみをあらためて収録しています。効果的な復習に役立ててください。

## 音の変化のカタカナ書きについて

　忙しく活躍される方も、初心に帰って学び直したい方も、挫折することなく短時間で最大の効果をあげられるための工夫の１つとして、本書では音の変化の部分をカタカナで表記しています。

　ご紹介する音の変化は、記載されている通りに必ず変化するとは限りません。同じ話者が、同じ英文を話しても状況次第で違う変化をする可能性もあります。

　tell meが「テミ」に聞こえる、with youが「ウイユウ」に聞こえると言っても「ll」「th」の音がまったく発音されない、というわけではありません。
　ただ弱く発音される音をあえて「消える」と考えることが、スペルにとらわれがちな日本人、とくに初心者のリスニング学習にプラスになると考えて採り入れています。

　あまりむずかしくとらえずに、最小限の知識を身につけてシンプルなトレーニングを繰り返してください。英語を聞き取る力は確実に向上します。

　口慣らしの音読や音声についていく音読のさいには、ネイティヴの読み上げる英語の真似をすることを目標にしてください。カタカナの表記では、英語の音を表すことに限界があります。自分の耳を信じて真似をすることをお願いします。

　たとえば、本書のNo.35 Thank you for your opinion. I agree with you.のwith youの部分ではthは消えずに少し聞き取れる方が多いでしょう。ぜひ聞こえたように真似をしてください。

　そして、こういう考え方も一緒にご理解ください。本書を離れてたくさんの英語に接するとき、「ウイユウ」と聞こえる英語が実はwith youの可能性が高いということを知らないと聞き取れないでしょう。
　この知識と慣れが、身につけた大切な英語の力のひとつなのです。

　この変化を意識して声に出してみてください。真似をしてみてください。英語の聞こえ方が変わることを、きっと実感していただけます。

## 付録CDについて

🔘 CDには、各レッスンごとに、英語の例文（ナチュラルスピードとゆっくり）、日本語訳、音の変化についての説明（日本語）を収録しています。そしてCD全体の最後にあらためてすべての例文の英語と日本語訳を再録しています。

🔘 専用のCDプレーヤーなどでは「◀◀」などで、各トラックの頭出しができます。コンピュータのメディア・プレーヤーでは、トラックリストの該当箇所をダブルクリックすれば頭出しができます。

➡ **CDの使い方のヒント**

CDには日本語による解説が入っていますので、巻末p.134以下の「リスニングの『壁』を越えるための60例文リスト」のコピーなどをご用意いただければ、通勤・通学時などに、本なしで学習していただくこともできます。

●本文中の「よく使う表現」では『E-DIC 英和・和英』（朝日出版社）の収録例文を参照・引用しています。

# 1 The guarantee is valid ...
「保証が適用されます」

1回目 □
2回目 □

## 1 track 1 例文を見ながら聞きましょう
意味と音の変化を説明します

**The guarantee is valid in this case.**

この場合は、保証が適用されます。

---

**こう聞こえる・こう言う**

The guarantee is <u>validin</u> this case.

valid in がつながり **ヴァ**リディンになります。

---

## 2 口慣らししましょう

① まず音の固まりをスムーズに言えるまで練習しましょう。
② つなげて言えるまで練習しましょう。

　　　　　　　　　　　valid in
　　　　　　　　　　　　▼
The guarantee is　**validin**　this case.
　　　　　　　　　　　**ヴァ**リディン
　　　　　　　　　　　音の固まり

  ### CDの後について言いましょう
発音とリズムをできるだけ真似してください

The guarantee is valid in this case.

### 4 英文を正確に書き写しましょう

  ### 聞いて書き取りましょう
最初は穴埋めから挑戦

1回目　　The guarantee is (　　　) (　　　) this case.

2回目

---

**意味の確認**
guarantee「保証」
valid「有効な」
in this case「この場合は」
▶ case は「場合、事情、事件」です。

**よく使う表現**
**The guarantee is valid 〜**「保証が適用されます」
➡ The guarantee is valid for two years.
「2年間、保証が適用されます」

# 2 That's a waste of ...
「～のむだだよ」

1回目 ☐
2回目 ☐

## 1 例文を見ながら聞きましょう
track 2

意味と音の変化を説明します

**That's a waste of time.**

骨折り損だよ。

> **こう聞こえる・こう言う**
>
> That'sa waste of time.
>
> That's a がつながり**ザッツァ**になります。

## 2 口慣らししましょう

① まず音の固まりをスムーズに言えるまで練習しましょう。
② つなげて言えるまで練習しましょう。

That's a
▼
**That'sa** waste of time.
**ザッツァ**

音の固まり

## 3 CDの後について言いましょう
発音とリズムをできるだけ真似してください

That's a waste of time.

## 4 英文を正確に書き写しましょう

## 5 聞いて書き取りましょう

最初は穴埋めから挑戦

1回目　(　　　) (　　　) waste of time.

2回目

---

**意味の確認**　a waste of 「〜のむだ」
▶ a waste of resources「資源のむだづかい」のように使います。wasteは名詞「むだ」の他に、動詞「むだに使う；むだになる」、形容詞「不用の」としても使います。
➡ Don't waste time.「時間をむだに過ごさないで」
The water is wasting.「水がむだに流れている」
waste water「下水」

**よく使う表現**　**be a waste of time**「時間のむだだ、**骨折り損だ**」
➡ It's a waste of time to wait for him.
「彼を待つのは時間のむだだ」

# Is that …? It is …
「〜ですか？　〜です」

## 1 例文を見ながら聞きましょう

track 3

意味と音の変化を説明します

**Is that final? It is nice news.**

最終決定ですか？　良い知らせです。

---

**こう聞こえる・こう言う**

Is tha~~t~~ final? Itis nice news.

that final のtが消えて**ザッファイナル**になります。
It is がつながり**イティズ**になります。

---

## 2 口慣らししましょう

① まず音の固まりごとにスムーズに言えるまで練習しましょう。
② つなげて言えるまで練習しましょう。

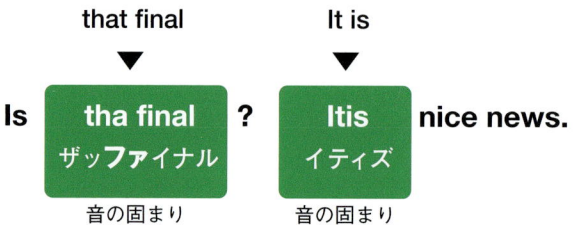

## 3 CDの後について言いましょう 🎧🗣
発音とリズムをできるだけ真似してください

Is that final? It is nice news.

## 4 英文を正確に書き写しましょう

---

---

## 5 聞いて書き取りましょう 🎧✏

 最初は穴埋めから挑戦

1回目　　Is that (　　　)?　(　　)　(　　) nice news.

2回目

---

**意味の確認**
final「決定的な、最終の」
（名詞として「決勝戦、最終試験」という意味でも使います）
news「知らせ、情報、たより、ニュース」
▶news は数えられない名詞で、a や one、two などの数詞をつけられません。数える場合は a piece of news、two pieces of news のように言います。
また形は複数形ですが、つねに単数扱いです。
Bad news travels quickly.「悪事千里を走る」のように、動詞（travel）には三人称単数現在形のsが必要です。

# 4 I'll be sure to …
「必ず〜します」

1回目 ☐
2回目 ☐

## 1 例文を見ながら聞きましょう
track 4
意味と音の変化を説明します

**I'll be sure to call back later.**

後で必ず電話をかけ直します。

> **こう聞こえる・こう言う**
>
> I'll be sure to ca~~ll~~ back later.
>
> call backのllが消えて**コーバック**になります。

## 2 口慣らししましょう

① まず音の固まりをスムーズに言えるまで練習しましょう。
② つなげて言えるまで練習しましょう。

call back
▼
I'll be sure to [ ca back / コーバック ] later.
音の固まり

## 3 CDの後について言いましょう
発音とリズムをできるだけ真似してください

I'll be sure to call back later.

## 4 英文を正確に書き写しましょう

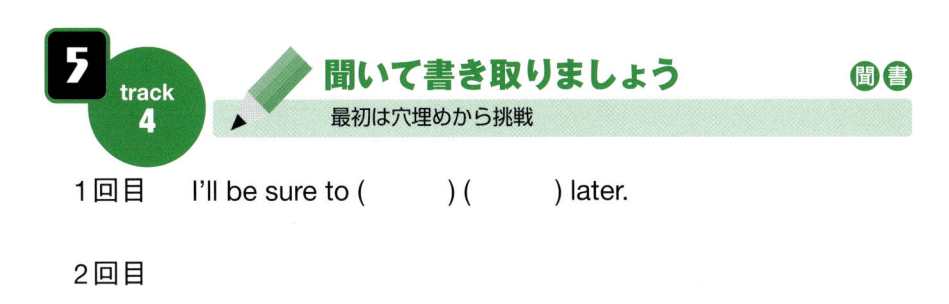

## 5 聞いて書き取りましょう
最初は穴埋めから挑戦

1回目　　I'll be sure to (　　) (　　) later.

2回目

---

**意味の確認**
be sure to ＋動詞の原形「(…は) きっと〜する」
call back「(もらった電話に) こちらからかけ直す」

**よく使う表現**
**be sure to 〜**「(…は) きっと〜する」
➡ You are sure to succeed.「君はきっと成功する」
▶ I'm sure you will succeed. または I'm sure of your success. と言っても同じ意味です。

# I'm not sure if ...
「～かどうか、分からない」

1回目 ☐
2回目 ☐

## 1 track 5  例文を見ながら聞きましょう 聞見
意味と音の変化を説明します

**I'm not sure if we can secure enough budget.**

十分な予算を確保できるかどうか、分からない。

> **こう聞こえる・こう言う**
>
> I'm no~~t~~ sureif we can secure enough budget.
>
> I'm not sure if の t が消えて sure if がつながり **アイムノッシュアリフ** になります。

## 2 口慣らししましょう

① まず音の固まりをスムーズに言えるまで練習しましょう。
② つなげて言えるまで練習しましょう。

I'm not sure if
▼

| **I'm no sureif**　we can secure enough budget.
| アイム**ノ**ッシュアリ

音の固まり

## 3 CDの後について言いましょう
発音とリズムをできるだけ真似してください

I'm not sure if we can secure enough budget.

## 4 英文を正確に書き写しましょう

## 5 聞いて書き取りましょう
最初は穴埋めから挑戦

1回目　I'm not (　　　) (　　) we can secure enough budget.

2回目

---

**意味の確認**
secure「〜を確保する」
enough「十分な」
budget「予算」

**よく使う表現**　**I'm not sure**「自信がない、確信が持てない」
➡ I'm not sure I can go.
「行けるかどうか分からない」

# 6 leave me alone
「そっとしておいて、ほうっておいて」

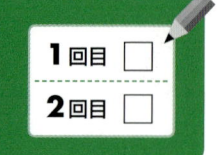

1回目 ☐
2回目 ☐

## 1 track 6 例文を見ながら聞きましょう
意味と音の変化を説明します

**Please leave me alone right now.**

今はそっとしておいてください。

> **こう聞こえる・こう言う**
>
> Please leave me alone righ~~t~~ now.
>
> right nowのtが消えて**ライナウ**になります。

## 2 口慣らししましょう

① まず音の固まりをスムーズに言えるまで練習しましょう。
② つなげて言えるまで練習しましょう。

right now.
▼
Please leave me alone | **righ now** / **ライナウ** |.
音の固まり

## 3 CDの後について言いましょう
発音とリズムをできるだけ真似してください

Please leave me alone right now.

## 4 英文を正確に書き写しましょう

## 5 聞いて書き取りましょう
最初は穴埋めから挑戦

1回目　Please leave me alone (　　　) (　　　).

2回目

---

**意味の確認**
leave「〜を残す、そのままにしておく；〜を去る」
right now「ちょうど今」

**よく使う表現**　**leave me alone**「私をそっとしておく、ほうっておく」
➡ Leave me alone. I'm not in the mood for your jokes.
「ほっといて。あなたの冗談を聞く気にはなれないの」
▶ 状況によっては、かなりきつい言い方になります。

# Please feel free to ...
「遠慮なく〜してください」

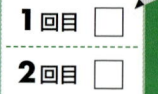

  例文を見ながら聞きましょう
意味と音の変化を説明します

**Please feel free to call me anytime.**

いつでも遠慮なく電話してください。

> **こう聞こえる・こう言う**
>
> Please fee̸l free to ca̸l me anytime.
>
> feel freeのlが消えて**フィーフリー**になります。
> call meのllも消えて**コーミー**になります。

## 2 口慣らししましょう

① まず音の固まりごとにスムーズに言えるまで練習しましょう。
② つなげて言えるまで練習しましょう。

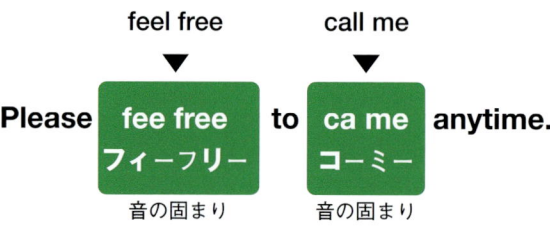

## 3 track 7 CDの後について言いましょう 聞 言

発音とリズムをできるだけ真似してください

Please feel free to call me anytime.

## 4 英文を正確に書き写しましょう

## 5 track 7 聞いて書き取りましょう 聞 書

最初は穴埋めから挑戦

1回目 Please feel free to ( ) ( ) anytime.

2回目

意味の確認

free「自由な、無料の」
call「～に電話をかける；～を呼ぶ」
anytime 「いつでも」

よく使う表現

**feel free to ～ 「遠慮なく～する」**

➡ Please feel free to have tea.
「ご自由にお茶をどうぞ」

# 8 be careful
「気をつけて」

1回目 ☐
2回目 ☐

## 1 track 8 例文を見ながら聞きましょう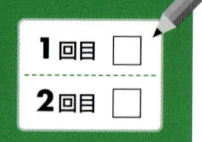
意味と音の変化を説明します

**Please be careful when you get out of the taxi.**

気をつけてタクシーから降りてください。

---

**こう聞こえる・こう言う**

Please be careful / whenyou getoutof the taxi.

when you がつながり**ホエニュウ**になります。
get out of がひとつにつながり**ゲッタウトヴ**になります。

---

## 2 口慣らししましょう

① まず音の固まりごとにスムーズに言えるまで練習しましょう。
② つなげて言えるまで練習しましょう。

```
                    when you    get out of
                       ▼            ▼
Please be careful  whenyou     getoutof    the taxi.
                   ホエニュウ   ゲッタウトヴ
                   ↑
                   音の固まり    音の固まり
意味と音の切れ目
「気をつけてください」＋「タクシーから降りるとき」
```

## 3 CDの後について言いましょう

発音とリズムをできるだけ真似してください

Please be careful when you get out of the taxi.

## 4 英文を正確に書き写しましょう

## 5 聞いて書き取りましょう

最初は穴埋めから挑戦

1回目　Please be careful (　　　) (　　　) get out of the (　　　).

2回目

---

**意味の確認**
careful「気をつける、慎重な、注意深い」
get out of「〜から降りる、〜から出る」
taxi「タクシー」

**よく使う表現**
**be careful**「気をつける」
➡ Be careful not to make the same mistake.
「同じ過ちをしないように気をつけて」

25

# 9 I found ...
「〜と思った、気づいた」

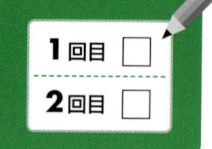

## 1 例文を見ながら聞きましょう
意味と音の変化を説明します

**I found his new film very interesting.**

彼の新作映画は、とても面白いと思った。

> **こう聞こえる・こう言う**
>
> I foundhis new film very interestin.
>
> found his がつながり**ファウンディズ**になります。
> interesting の g が消えて**インタレスティン**になります。

## 2 口慣らししましょう

① まず音の固まりごとにスムーズに言えるまで練習しましょう。
② つなげて言えるまで練習しましょう。

found his ▼　　　　　　interesting ▼

I [ **foundhis** / ファウンディズ ] new film very [ **interestin** / インタレスティン ] .

　音の固まり　　　　　　　　　　　音の固まり

## 3 CDの後について言いましょう
発音とリズムをできるだけ真似してください

I found his new film very interesting.

## 4 英文を正確に書き写しましょう

## 5 聞いて書き取りましょう
最初は穴埋めから挑戦

1回目　I (　　　) his new film very (　　　　).

2回目

---

**意味の確認**　film「映画」
interesting「面白い」

**よく使う表現**　**find A B**「AがBであると分かる、気づく」
➡ I found your novel boring.
「君の小説はつまらないと思った」

# 10 It looks like ...
「〜しそうだ」

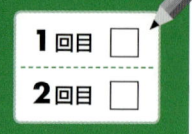

## 1 例文を見ながら聞きましょう
意味と音の変化を説明します

**As I said, it looks like rain.**

私が言った通り、雨になりそうだ。

> **こう聞こえる・こう言う**
>
> As I said, i~~t~~ looks like rain.
>
> it looks の t が消えて**イルックス**になります。

## 2 口慣らししましょう

① まず音の固まりをスムーズに言えるまで練習しましょう。
② つなげて言えるまで練習しましょう。

　　　　　　　　it looks
　　　　　　　　　▼
As I said, | **i looks** | like rain.
　　　　　　| **イルックス** |
　　　　　　音の固まり

## 3  CDの後について言いましょう 聞 言
発音とリズムをできるだけ真似してください

As I said, it looks like rain.

## 4 英文を正確に書き写しましょう

## 5  聞いて書き取りましょう 聞 書
最初は穴埋めから挑戦

1回目　As I said, (　　　) (　　　　) like rain.

2回目

---

**意味の確認**
as「〜のように、〜のと同様に」
it　天気を表す主語
➡ It's fine.「いい天気だ」
look「見える」
like「〜に似た、〜のような」

**よく使う表現**
**look like 〜**「〜しそうだ；〜のように見える」
➡ It looks like snow.「雪になりそうだ」

29

# Keep it a secret.
「秘密にしてね」

1回目 ☐
2回目 ☐

## 1 例文を見ながら聞きましょう
track 11
意味と音の変化を説明します

**I said to him, "Keep it a secret."**

「秘密にしてね」と彼に言った。

---

**こう聞こえる・こう言う**

I sai~~d~~ to him, "Keepita secret."

said to の d が消えて **セットゥ** になります。
Keep it a がひとつにつながり **キーピタ** になります。

---

## 2 口慣らししましょう

① まず音の固まりごとにスムーズに言えるまで練習しましょう。
② つなげて言えるまで練習しましょう。

```
         said to            Keep it a
            ▼                   ▼
I  [ sai to ]  him, "  [ Keepita ]  secret."
     セットゥ              キーピタ
    音の固まり             音の固まり
```

## 3 CDの後について言いましょう
track 11
発音とリズムをできるだけ真似してください

I said to him, "Keep it a secret."

## 4 英文を正確に書き写しましょう

## 5 聞いて書き取りましょう
track 11
最初は穴埋めから挑戦

1回目　I ( ) ( ) him, "( ) it a secret."

2回目

---

**意味の確認**　secret「秘密」

**よく使う表現**
**keep A B「A を B の状態にしておく」**
→ You needn't keep the soup on the boil. Just keep it hot.
「スープは沸騰させ続けなくていいのよ。熱くしてさえおけばいいの」
▶ on the boil は「沸騰して」です。

31

# 12 He didn't say a word ...
「彼は発言しなかった」

1回目 ☐
2回目 ☐

## 1 例文を見ながら聞きましょう
track 12
意味と音の変化を説明します

**He didn't say a word during the meeting.**

会議中、彼は一言も発言しなかった。

---

**こう聞こえる・こう言う**

He didn'~~t~~ say a wor~~d~~ durin~~g~~ the meeting.

didn't say の t が消えて**ディドゥンセイ**になります。
word during the meeting の d と g が消えて**ワードゥアリンザミーティング**になります。

---

## 2 口慣らししましょう

① まず音の固まりごとにスムーズに言えるまで練習しましょう。
② つなげて言えるまで練習しましょう。

didn't say → He | **didn say** / **ディドゥンセイ** | 音の固まり

word during the meeting → a | **wor durin the meeting** / **ワードゥアリンザミーティング** | 音の固まり .

## 3 CDの後について言いましょう
発音とリズムをできるだけ真似してください

He didn't say a word during the meeting.

## 4 英文を正確に書き写しましょう

## 5 聞いて書き取りましょう
最初は穴埋めから挑戦

1回目　He (　　) (　　) a word during the (　　).

2回目

---

**意味の確認**
say「(考えや思いを言葉で) 言う」
▶ 意味の近い言葉　speak「話す、しゃべる」
　　talk「(思考や感情を伝えるために) 話す」
during「〜の間じゅう」
meeting「(あまり形式ばらない) 会議；会、会合」

# I didn't mean to ...

「〜するつもりはなかった」

1回目 ☐
2回目 ☐

## 1 track 13 例文を見ながら聞きましょう
意味と音の変化を説明します

**I didn't mean to bother you.**

邪魔するつもりはなかった。

---

こう聞こえる・こう言う

I didn~~t~~ mean to bother you.

didn't mean の t が消えて**ディドゥンミーン**になります。

---

## 2 口慣らししましょう

① まず音の固まりをスムーズに言えるまで練習しましょう。
② つなげて言えるまで練習しましょう。

didn't mean
▼
I [ **didn mean** / ディドゥンミーン ] to bother you.

音の固まり

34

## 3 CDの後について言いましょう
発音とリズムをできるだけ真似してください

I didn't mean to bother you.

## 4 英文を正確に書き写しましょう

## 5 聞いて書き取りましょう
最初は穴埋めから挑戦

1回目　I (　　) (　　) (　　) bother you.

2回目

---

**意味の確認**　mean to ＋動詞の原形「〜するつもりである」
bother「〜を困らせる、〜を悩ませる」

**よく使う表現**
**I didn't mean to 〜**
「〜するつもりはなかった（でも、してしまった）」
➡ I didn't mean to hurt you.
「君を傷つけるつもりはなかった」

# 14 I see what ...

「〜は分かります」

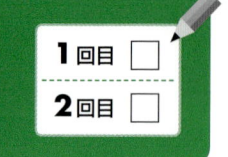

1回目 □
2回目 □

## 1 例文を見ながら聞きましょう
track 14
意味と音の変化を説明します

**I see what you mean.**

おっしゃることは分かります。

---

**こう聞こえる・こう言う**

I see wha~~t~~ you mean.

what you の t が消えて**ホワッユウ**になります。

---

## 2 口慣らししましょう

① まず音の固まりをスムーズに言えるまで練習しましょう。
② つなげて言えるまで練習しましょう。

what you
▼
I see | wha you | mean.
ホ**ワッユウ**
音の固まり

## 3 track 14　CDの後について言いましょう 聞 言
発音とリズムをできるだけ真似してください

I see what you mean.

## 4 英文を正確に書き写しましょう

## 5 track 14　聞いて書き取りましょう 聞 書
最初は穴埋めから挑戦

1回目　　I see (　　　) (　　　) mean.

2回目

---

**意味の確認**　see「〜が分かる、〜を理解する」
mean「(人が) 〜のつもりで言う」

**よく使う表現**　**what you mean、what I mean**
「(人が) 言っていること、言っていることの気持ち」
➡ Do you see what I mean?
「言っていることが分かりますか？」

# 15 I'm surprised ...
「～には驚いた」

1回目 ☐
2回目 ☐

## 1 track 15 例文を見ながら聞きましょう
意味と音の変化を説明します

**I'm surprised I ran into them.**

彼らにばったり出会ったのには驚いた。

> **こう聞こえる・こう言う**
>
> I'm surprised / I raninto them.
>
> ran into がつながり **ラニントゥ** になります。

## 2 口慣らししましょう

① まず音の固まりをスムーズに言えるまで練習しましょう。
② つなげて言えるまで練習しましょう。

ran into
▼
I'm surprised I | raninto | them.
　　　　　　　　　ラニントゥ
　　　　　　　　　音の固まり

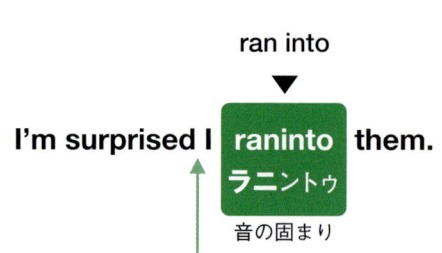

意味と音の切れ目
「驚いた」＋「彼らにばったり出会った」

## 3 CDの後について言いましょう
発音とリズムをできるだけ真似してください

I'm surprised I ran into them.

## 4 英文を正確に書き写しましょう

## 5 聞いて書き取りましょう
最初は穴埋めから挑戦

1回目　　I'm surprised I (　　　) (　　　) them.

2回目

---

**意味の確認**
I'm surprised ＋ (that) 節「〜ということに驚く」
run into「(人) とばったり出会う；(もの) にぶつかる、衝突する」

**よく使う表現**

**I'm surprised 〜「〜して驚く」**
➡ I'm surprised you can get by on a salary like that.
　「そんな給料でやっていけるなんてびっくりだな」
▶ get by は「やりとげる、切り抜ける」の意味です。

# 16 run out of ...
「〜が切れてなくなる」

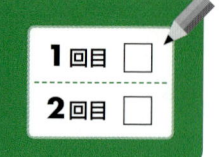

1回目 □
2回目 □

## 1 例文を見ながら聞きましょう
track 16

意味と音の変化を説明します

**This printer has run out of ink.**

このプリンターはインク切れだ。

---
**こう聞こえる・こう言う**

This printer has **runoutofink**.

run out of ink がひとつにつながり **ラナウトヴィンク** になります。

---

## 2 口慣らししましょう

① まず音の固まりをスムーズに言えるまで練習しましょう。
② つなげて言えるまで練習しましょう。

run out of ink
▼

This printer has **runoutofink** .
　　　　　　　　**ラナ**ウト**ヴィン**ク

音の固まり

## 3 track 16 　CDの後について言いましょう 　聞 言
発音とリズムをできるだけ真似してください

This printer has run out of ink.

## 4 英文を正確に書き写しましょう

## 5 track 16 　聞いて書き取りましょう 　聞 書
最初は穴埋めから挑戦

1回目　　This printer has (　　　) (　　　) (　　　) ink.

2回目

---

**意味の確認**
printer「プリンター」
ink「インク」

**よく使う表現**
**run out of ~**「~を（使って）切らす」
➡ We have run out of money.
「私たちは金を使い果たした」
▶ 現在完了形を使うことで、「今、（金が）ない」という状況を表しています。

# 17 You know ...?
「〜が分かる？」

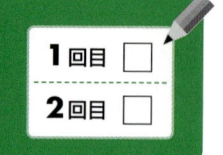

1回目 ☐
2回目 ☐

## 1 track 17　例文を見ながら聞きましょう
意味と音の変化を説明します

**You know what I'm saying?**

私の言ってる意味が分かる？

> **こう聞こえる・こう言う**
>
> You know <u>whatI'm</u> saying?
>
> what I'm がつながり**ホワッタイム**になります。

## 2 口慣らししましょう

① まず音の固まりをスムーズに言えるまで練習しましょう。
② つなげて言えるまで練習しましょう。

　　　　　what I'm
　　　　　　▼
You know | whatI'm | saying?
　　　　 ホ**ワッタイム**
　　　　　音の固まり

## 3 CDの後について言いましょう
track 17
発音とリズムをできるだけ真似してください

You know what I'm saying?

## 4 英文を正確に書き写しましょう

## 5 聞いて書き取りましょう
track 17
最初は穴埋めから挑戦

1回目　You know (　　　) (　　　) saying?

2回目

---

**意味の確認**　what＋文「〜であること、〜ということ」

**よく使う表現**　**You know what I'm saying?**「私の言ってる意味が分かる?」
▶微妙な話や表現しにくい事柄などについて確認するときによく使う表現です。文章の形は平叙文ですが、疑問の気持ちを表しているので、クエスチョンマーク（?）をつけます。話を切り出す時には、You know what?「ねえ、聞いてよ」「ちょっと話があるんだけど」という言い方をします。

# 18 You know ..., don't you?
「〜は分かりますね」

1回目 ☐
2回目 ☐

## 1 例文を見ながら聞きましょう
意味と音の変化を説明します

**You know how you fill out this document, don't you?**

この書類の記入の仕方は分かりますね。

> **こう聞こえる・こう言う**
>
> You know / how you fillout this document, / don~~t~~ you?
>
> fill out がつながり**フィラウト**になります。
> don't you の t が消えて**ドンユウ**になります。

## 2 口慣らししましょう

① まず音の固まりごとにスムーズに言えるまで練習しましょう。
② つなげて言えるまで練習しましょう。

fill out → | fillout フィラウト | 音の固まり

don't you → | don you ドンユウ | 音の固まり

You know how you [fillout フィラウト] this document, [don you ドンユウ] ?

意味と音の切れ目
「あなたは分かっている」＋「この書類にどう記入するか」＋「ですね」

## 3 CDの後について言いましょう
track 18
発音とリズムをできるだけ真似してください

You know how you fill out this document, don't you?

## 4 英文を正確に書き写しましょう

## 5 聞いて書き取りましょう
track 18
最初は穴埋めから挑戦

1回目　You know how you (　　　) (　　　) this document, (　　　) (　　　)?

2回目

**意味の確認**
fill out「（必要事項）を記入する、（書類）を完成させる」
document「書類、文書」

**よく使う表現**
..., don't you?「（相手に同意を求めて）〜でしょう？」
➡ You agree with me, don't you?
「あなただってそう思うでしょう？」

45

# 19 Do you know of ...?
「〜を知っていますか？」

1回目 ☐
2回目 ☐

## 1 例文を見ながら聞きましょう
track 19
意味と音の変化を説明します

**Do you know of any good place to have lunch?**

昼食にどこかいい店を知っていますか？

### こう聞こえる・こう言う

Do you knowofany goo̸d place / to have lunch?

know of any がひとつにつながり**ノウオヴエニイ**になります。
good place の d が消えて**グップレイス**になります。

## 2 口慣らししましょう

① まず音の固まりごとにスムーズに言えるまで練習しましょう。
② つなげて言えるまで練習しましょう。

know of any ▼　　good place ▼

Do you | knowofany | goo place | to have lunch?
　　　　 ノウオヴ**エ**ニイ　　グップ**レ**イス
　　　　　音の固まり　　　　音の固まり

**意味と音の切れ目**
「どこかいい店を知っていますか？」＋「昼食をとるための」

## 3 CDの後について言いましょう
track 19
発音とリズムをできるだけ真似してください

Do you know of any good place to have lunch?

## 4 英文を正確に書き写しましょう

## 5 聞いて書き取りましょう
track 19
最初は穴埋めから挑戦

1回目　Do you know of (　　) (　　) (　　) to have lunch?

2回目

**意味の確認**
Do you know of ＋名詞？「(店や人などの名前や評判) を知っている？」
place「お店、飲食店」

**会話ではこうなる**
A: Do you know of any good place to have lunch?
B: Yes, leave it to me.（ええ、まかせてください）
または
I'm not familiar with this area.
（この辺は詳しくありません）

47

## 20 I have an appointment with ...

「〜に会う約束がある」

1回目 ☐
2回目 ☐

### 1 例文を見ながら聞きましょう
track 20
意味と音の変化を説明します

**I have an appointment with the corporate lawyer.**

会社の顧問弁護士に会う約束がある。

---

**こう聞こえる・こう言う**

I haveanappointmen~~t~~ / with the corpora~~te~~ lawyer.

have an appointment がつながりさらにtが消えて**ハヴァナポイントメン**になります。
corporate lawyer の te が消えて**コーポレイロウヤー**になります。

---

### 2 口慣らししましょう

① まず音の固まりごとにスムーズに言えるまで練習しましょう。
② つなげて言えるまで練習しましょう。

have an appointment ▼　　　　corporate lawyer ▼

I **haveanappointmen** with the **corpora lawyer** .
　　ハヴァナポイントメン　　　　　　コーポレイロウヤー
　　　音の固まり　　　　↑　　　　　　音の固まり

意味と音の切れ目
「会う約束がある」＋「会社の顧問弁護士と」

## 3 CDの後について言いましょう
track 20
発音とリズムをできるだけ真似してください

I have an appointment with the corporate lawyer.

## 4 英文を正確に書き写しましょう

## 5 聞いて書き取りましょう
track 20
最初は穴埋めから挑戦

1回目　I (　　) (　　) (　　　　) with the corporate lawyer.

2回目

---

**意味の確認**
appointment「(面会の) 約束」
corporate「会社の」
lawyer「弁護士」

**よく使う表現**
have an appointment with ～「～と会う約束・予約がある」
→ I have an appointment with the doctor this afternoon.
「きょうの午後、医者に予約を入れている」
▶ make an appointment with なら「～と会う約束をする」です。

## リスニングの「壁」を越えるためのヒント

### カタカナ言葉と英単語

　知らない単語は聞き取れません。また、意味が分かる単語でも、どう発音するか分からないか、発音を間違えて覚えていれば聞き取れません。

　発音を間違えやすい単語に、元の英語とほぼ同じ意味で使われているカタカナ言葉があげられます。数例あげてみましょう（太字はアクセントの強い部分です。カタカナ言葉にはない英単語の意味をそれぞれ付け加えてみました）。

| カタカナ言葉 | 英単語と英語としての発音と意味 |
|---|---|
| デベロッパー | developer［ディ**ヴェ**ロプァ］（英語では「開発者」という意味も） |
| サプリメント | supplement［**サ**プルムェンッ］（「補足」という意味も） |
| マネージャー | manager［**マ**ニジャ］（「スポーツチームの監督」という意味も） |
| ダメージ | damage［**ダ**ミジ］（「損害補償金」という意味も） |
| イメージ | image［**イ**ミジ］（「映像、画像、観念」という意味も） |
| メディア | media［**ミー**ディァ］（medium「中間、媒体」の複数形としても使う） |
| マニュアル | manual［**マ**ニュェル］（「小冊子、案内書」という意味も） |

　これらのカタカナ言葉は、ニュースなどのテレビ番組や、仕事や日常の会話で接する機会がたくさんあります。元の英語の発音を一度も聞いたことがないのに、カタカナ言葉だけを何度も聞いているうちに、いつのまにか英語の発音も同じだと思いがちです。

　また、ローマ字読みで発音したり他の単語での発音をあてはめたりして本来の発音を取り違えてしまう単語もあります。

| | |
|---|---|
| god［**ガ**ッド］（アメリカ英語の場合） | 「ゴッド」とローマ字読みしがち。 |
| immediately［イ**ミー**ディァトリ］ | 「イメディアトリー」とローマ字読みしがち。 |
| steak［ス**テ**イク］ | ea =「イー」だろうと思い込み「スティーク」と読んでしまいがち。 |
| education［エジュ**ケ**イシャン］ | d、oなどのスペルから「エデュケーション」と読んでしまいがち。 |

　これらの単語は、文章中で読んだり書いたりできても聞き取れない場合が多くなりがちです。

COLUMN

## 英語と日本語の発音

　英語と日本語の違いはたくさんあります。本書の重要ポイントでもある発音に関しても大きな違いがあります。まず、英語は日本語より発音の種類がとても多いことです。日本語では絶対に出さないような音の出し方もたくさんあります。その違いについて簡単にまとめてみましょう。

　まず、母音からです。日本語の母音は［あ］［い］［う］［え］［お］の5つだけですが、英語の母音は18以上になります。日本人の耳には［あ］と聞こえる場合でも、一番近い音の [ʌ] に加えて [ɑ] と [æ] さらに [ə] など複数の母音の可能性があります。たとえば、「バット」と聞こえる単語に対して、but、bot、bat の聞き分けができますか？　but「しかし」が [ʌ] または [ə] で、bot「はえの幼虫」は [ɑ] で、bat「(野球の) バット」が [æ] の発音になります。

　子音の違いはさらに複雑です。日本語は［あ］行と［ん］を除いて必ず子音＋母音の［か＝ka］［き＝ki］［く＝ku］……［わ＝wa］で発音されています。ですから、日本語も子音の数は確かに多いのですが、音の出し方で考えると、［か］行、［さ］行、［た］行から［ら］行までで、濁音と半濁音を入れて、合計13。「わ」「ん」を加えても15にしかなりません。

　しかし、英語は23以上の子音がその音単独でも単語の一部になることができます。たとえば、この本の例文27に出て来る expect [ ikspékt ] は、まず母音の [ i ] から始まりますが、次に子音が [k] [s] [p] と、3つも続きます。[k] と [s] は母音と組み合わさっていないので、日本語の「ク＝ ku」「ス＝ su」とは全く違う音です。母音の [e] が次にありますが、最後の2つはやはり子音の [k] と [t] で、日本語の「ク＝ ku」「ト＝ to」とは違う音です。expect という単語の最後の音が「ト」ではなく子音の [t] であることに、あらためて注意してください。

　音の出し方は、母音も子音も日本語とは大きな違いがあります。ほとんどの日本人にとって、英語の母音と子音の正確な発音を行うにはある程度の練習が必要です。

　英語の発音は、息も口もさまざまに使い分けてたくさんの音を作りながら行います。それらの音が組み合わさって単語になり、さらに単語が組み合わさって文になります。自然な早さで話していけば、さまざまな音の出し方が連続することになって、その結果、音が自然に変化していくことになるのです。

　この本では、あまり細かいことを考えすぎずに、まず、耳で聞いた音を真似して口慣らしすることを大切にしています。

# 21 I have trouble ...ing

「〜するのに苦労している」

1回目 ☐
2回目 ☐

## 1 例文を見ながら聞きましょう
意味と音の変化を説明します

**I have trouble remembering names recently.**

最近、名前を覚えるのに苦労している。

> **こう聞こえる・こう言う**
>
> I have trouble rememberin͟g̶ names recently.
>
> remembering names の g が消えて**リメンバリンネイムズ**になります。

## 2 口慣らししましょう

① まず音の固まりをスムーズに言えるまで練習しましょう。
② つなげて言えるまで練習しましょう。

remembering names
▼

I have trouble | **rememberin names** / **リメンバリンネイムズ** | recently.

音の固まり

## 3 CDの後について言いましょう
track 21
発音とリズムをできるだけ真似してください

I have trouble remembering names recently.

## 4 英文を正確に書き写しましょう

## 5 聞いて書き取りましょう
track 21
最初は穴埋めから挑戦

1回目　I have trouble (　　　) (　　　) recently.

2回目

---

**意味の確認**
trouble「困難，骨折り；もめごと」
recently「最近は」

**よく使う表現**
**have trouble …ing**「〜するのに苦労する」
➡ I have trouble concentrating these days.
「このところ、なかなか集中できない」

53

# 22 I'm happy to ...
「〜してうれしい」

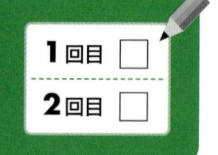

1回目 ☐
2回目 ☐

## 1 track 22 例文を見ながら聞きましょう 聞見
意味と音の変化を説明します

**I'm happy to hear about your promotion.**

あなたの昇進の話を聞いてうれしい。

> **こう聞こえる・こう言う**
>
> I'm happy to hearabou͟t your promotion.
>
> hear about your の hear about がつながり about の t が消えて**ヒアバウユア**になります。

## 2 口慣らししましょう

① まず音の固まりをスムーズに言えるまで練習しましょう。
② つなげて言えるまで練習しましょう。

hear about your
▼

I'm happy to [ **hearabou your** / **ヒアバウユア** ] promotion.

音の固まり

## 3 track 22 　CDの後について言いましょう 🎧🗣
発音とリズムをできるだけ真似してください

I'm happy to hear about your promotion.

## 4 英文を正確に書き写しましょう

## 5 track 22 　聞いて書き取りましょう 🎧✍
最初は穴埋めから挑戦

1回目　I'm happy to (　　　) (　　　) your promotion.

2回目

---

**意味の確認**
be happy to ＋動詞の原形「〜してうれしい」
hear about「〜を耳にする」
promotion「昇進」

**よく使う表現**
**be happy to 〜**「〜してうれしい」
➡ I'm happy to meet you.「お会いできてうれしいです」

# 23 I've never heard of ...
「〜については聞いたことがない」

1回目 ☐
2回目 ☐

## 1 track 23 例文を見ながら聞きましょう
意味と音の変化を説明します

**I've never heard of that television series.**

あのテレビのシリーズ番組については聞いたことがない。

### こう聞こえる・こう言う

I've never heardof tha~~t~~ television series.

heard of がつながり**ハードヴ**になります。
that television のthat のtが消えて**ザッテレヴィジョン**になります。

## 2 口慣らししましょう

① まず音の固まりごとにスムーズに言えるまで練習しましょう。
② つなげて言えるまで練習しましょう。

I've never [**heardof** / ハードヴ] (音の固まり) [**tha television** / ザッテレヴィジョン] (音の固まり) series.

▲ heard of　　▲ that television

## 3 CDの後について言いましょう
track 23
発音とリズムをできるだけ真似してください

I've never heard of that television series.

## 4 英文を正確に書き写しましょう




## 5 聞いて書き取りましょう
track 23
最初は穴埋めから挑戦

1回目　　I've (　　　) (　　　) (　　　) that television series.

2回目



---

**意味の確認**
have never heard of 「～について聞いたことがない」
series 「(放送番組や出版物の) シリーズもの、続きもの」
▶a series of 「一連の～」
a series of rainy days 「雨の日続き」

**よく使う表現**
hear of ～ 「～のこと・存在を耳にする、～のうわさを聞く」
➡ Have you heard of John Lennon?
「ジョン・レノンのことを聞いたことないの？」

# 24 I'm looking forward to ...

「〜することを楽しみにしています」

1回目 ☐
2回目 ☐

## 1 例文を見ながら聞きましょう

track 24

意味と音の変化を説明します

**I'm looking forward to your reply.**

お返事をいただければ幸いです。

---

**こう聞こえる・こう言う**

I'm lookin~~g~~ forwar~~d~~ to your reply.

looking forward to の g と d が消えて**ルッキンフォワートゥ**になります。

---

## 2 口慣らししましょう

① まず音の固まりをスムーズに言えるまで練習しましょう。
② つなげて言えるまで練習しましょう。

looking forward to
▼
I'm | **lookin forwar to** / **ルッキンフォワートゥ** | your reply.

音の固まり

## 3 CDの後について言いましょう
発音とリズムをできるだけ真似してください

I'm looking forward to your reply.

## 4 英文を正確に書き写しましょう

## 5 聞いて書き取りましょう
最初は穴埋めから挑戦

1回目　I'm looking (　　　) (　　　) your reply.

2回目

---

**意味の確認**
look forward to ＋名詞または動名詞「〜を楽しみに待つ」
reply「返事、答え」

**よく使う表現**
**I am looking forward to …ing**
「〜することを楽しみにしている」
→ I'm looking forward to hearing from you.
「お返事がいただけるのを期待しています」

# 25 I came up with ...

「〜を思いついた」

1回目 ☐
2回目 ☐

## 1 例文を見ながら聞きましょう
track 25
意味と音の変化を説明します

**I came up with an attractive business plan.**

魅力的な事業計画を思いついた。

### こう聞こえる・こう言う

I came up withanattractive business plan.

with an attractive がひとつにつながり **ウイザナトラクティヴ** になります。

## 2 口慣らししましょう

① まず音の固まりをスムーズに言えるまで練習しましょう。
② つなげて言えるまで練習しましょう。

with an attractive
▼
I came up **withanattractive** business plan.
　　　　　ウイザナト**ラ**クティヴ
　　　　　音の固まり

## 3 CDの後について言いましょう
track 25
発音とリズムをできるだけ真似してください

I came up with an attractive business plan.

## 4 英文を正確に書き写しましょう

## 5 聞いて書き取りましょう
track 25
最初は穴埋めから挑戦

1回目　I ( ) ( ) ( ) an attractive business plan.

2回目

---

**意味の確認**
come up with「〜を思いつく」
attractive「魅力的な」
business plan「事業計画」

**よく使う表現**
**come up with 〜**「〜を思いつく」
➡ Who came up with this proposal?
「この案、誰が考え出したの？」

# 26 We came close to ...
「〜しそうなところまで行った」

1回目 ☐
2回目 ☐

## 1 例文を見ながら聞きましょう
意味と音の変化を説明します

**We came close to winning that contract.**

もう少しで、あの契約をものにできそうだった。

---

**こう聞こえる・こう言う**

We came close to winnin͟g that contract.

winning that の g が消えて **ウィニンザット** になります。

---

## 2 口慣らししましょう

① まず音の固まりをスムーズに言えるまで練習しましょう。
② つなげて言えるまで練習しましょう。

winning that
▼

We came close to **winnin that** contract.
　　　　　　　　　**ウィニンザット**

音の固まり

## 3 track 26 　CDの後について言いましょう 聞 言
発音とリズムをできるだけ真似してください

We came close to winning that contract.

## 4 英文を正確に書き写しましょう

## 5 track 26 　聞いて書き取りましょう 聞 書
最初は穴埋めから挑戦

1回目　　We came close to (　　　) (　　　) contract.

2回目

---

**意味の確認**
close「接近して、すぐ近くに、ぴったりと」
win「〜に勝つ、〜を勝ち取る」
contract「契約、契約書」

**よく使う表現**　**come close to ...ing**「〜しそうになる」
　⇒ We came close to winning the Champions League.
　「もう少しでチャンピオンズ・リーグで優勝できるところだった」
　▶ 結果的には「優勝できなかった」の意味。

# 27 went on longer than ...

「～よりも長くかかった」

1回目 ☐
2回目 ☐

## 1 track 27 例文を見ながら聞きましょう 聞見
意味と音の変化を説明します

**The interview went on longer than I expected.**

面接は私が予想したよりも長く続いた。

### こう聞こえる・こう言う

The interview wenton longer thanI expected.

went on がつながり **ウエントン** になります。
than I がつながり **ザナイ** になります。

## 2 口慣らししましょう

① まず音の固まりごとにスムーズに言えるまで練習しましょう。
② つなげて言えるまで練習しましょう。

The interview | wenton / ウエントン | longer | thanI / ザナイ | expected.

went on ▼　　　　than I ▼
音の固まり　　　音の固まり

## 3 CDの後について言いましょう
発音とリズムをできるだけ真似してください

The interview went on longer than I expected.

## 4 英文を正確に書き写しましょう

## 5 聞いて書き取りましょう
最初は穴埋めから挑戦

1回目　The interview (　　) (　　) longer than (　　) expected.

2回目

---

**意味の確認**
interview「面接、面談」
go on「続く」
longer「より長く」
▶ 副詞の long「長く」の比較級です。
expect「〜するだろうと思う、予想する」

**よく使う表現**　**than I expected**「思っていたより」
➡ We got here sooner than I expected.
「思ったより早く着いた」

# 28 What's going on?
「どうなっているの？」

1回目 ☐
2回目 ☐

## 1 例文を見ながら聞きましょう
track 28
意味と音の変化を説明します

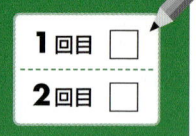

**What's going on?**

どうなっているの？

---
**こう聞こえる・こう言う**

What's goingon?

going on がつながり **ゴウインゴン** になります。

---

## 2 口慣らししましょう

① まず音の固まりをスムーズに言えるまで練習しましょう。
② つなげて言えるまで練習しましょう。

going on
▼
What's | goingon | ?
ゴウインゴン
音のつながり

## 3 CDの後について言いましょう
発音とリズムをできるだけ真似してください

What's going on?

## 4 英文を正確に書き写しましょう

## 5 聞いて書き取りましょう
最初は穴埋めから挑戦

1回目　　What's (　　　) (　　　)?

2回目

---

**意味の確認**　go on「(ことが) 起こる、(ことが) 行われる」

**よく使う表現**　**What's going on?**「どうしたの、何が起きているの、何事ですか」
➡ What's going on with Mr. Suzuki these days?
「最近、鈴木さんはどうしてるの？」

**会話ではこうなる**　**A:** What's going on? You seem to have some time on your hands.
**B:** The meeting this afternoon was abruptly canceled.
(「どうしたんだ、暇そうだな」「急に午後の打ち合わせが流れちゃってね」)

# 29 What happened to ...?
「〜に何が起こったの？」

**1回目** ☐
**2回目** ☐

## 1 track 29 例文を見ながら聞きましょう
意味と音の変化を説明します

**What happened to her on her way home?**

家に帰る途中で彼女に何が起こったの？

> **こう聞こえる・こう言う**
> What happen~~ed~~ to her / on her way home?
> happened to の ed が消えて**ハップントゥ**になります。

## 2 口慣らししましょう

① まず音の固まりをスムーズに言えるまで練習しましょう。
② つなげて言えるまで練習しましょう。

　　　　　happened to
　　　　　　▼
What [ **happen to** / ハップントゥ ] her on her way home?
　　　　音の固まり　　　↑
　　　　　　　　意味と音の切れ目
　　　　　　　「彼女に何が起こったの」＋「彼女の帰り道で」

## 3 CDの後について言いましょう
track 29
発音とリズムをできるだけ真似してください

What happened to her on her way home?

## 4 英文を正確に書き写しましょう

## 5 聞いて書き取りましょう
track 29
最初は穴埋めから挑戦

1回目　What (　　　) (　　) (　　) on her way home?

2回目

---

**意味の確認**
happen「起こる、降りかかる」
on *one's* way home「帰宅途中で」
▶way は「(～へ行く) 道、方向、方法」です。

**会話ではこうなる**
A: What happened to her on her way home?
B: I have no idea.（見当もつかないよ）
▶ I have no idea.は「見当がつかない、さっぱり分からない」という意味の決まり文句です。

# 30 What about ...?
「〜はどうなってるの？」

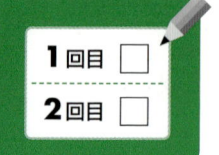

1回目 ☐
2回目 ☐

## 1 例文を見ながら聞きましょう
track 30
意味と音の変化を説明します

**What about our dinner reservation?**

夕食の予約はどうなってるの？

---

**こう聞こえる・こう言う**

**Whataboutour** dinner reservation?

What about our がひとつにつながり **ホワッタバウタウワ** になります。

---

## 2 口慣らししましょう

① まず音の固まりをスムーズに言えるまで練習しましょう。
② つなげて言えるまで練習しましょう。

What about our
▼
**Whataboutour** dinner reservation?
**ホワッタバウタウワ**
音の固まり

## 3 CDの後について言いましょう
track 30
発音とリズムをできるだけ真似してください

What about our dinner reservation?

## 4 英文を正確に書き写しましょう

## 5 聞いて書き取りましょう
track 30
最初は穴埋めから挑戦

1回目　What (　　) (　　) dinner reservation?

2回目

---

**意味の確認**　reservation「（レストラン、ホテル、飛行機の便などの）予約」
▶ 意味の近い言葉　appointment「（歯医者や美容院の）予約」

**よく使う表現**　**What about ~?**「~はどうですか？、~はどう思いますか？」
➡ What about doing it like this?
「こういうふうにしたらどう？」

**会話ではこうなる**
**A:** What about our dinner reservation?
**B:** I already did.（もうしました）

# 31 When should I ...?

「いつ～したらいいですか？」

1回目 ☐
2回目 ☐

## 1 track 31 例文を見ながら聞きましょう 聞 見

意味と音の変化を説明します

**When should I call you next?**

次は、いつ電話したらいいですか？

> **こう聞こえる・こう言う**
>
> When shouldI cal you next?
>
> should I がつながり**シュッダイ**になります。
> call you の l が消えて**コーユウ**になります。

## 2 口慣らししましょう

① まず音の固まりごとにスムーズに言えるまで練習しましょう。
② つなげて言えるまで練習しましょう。

　　　　　should I　　call you
　　　　　　▼　　　　　▼
When | shouldI | ca you | next?
　　　 シュッダイ　コーユウ
　　　　音の固まり　音の固まり

## 3 CDの後について言いましょう  (track 31)
発音とリズムをできるだけ真似してください

When should I call you next?

## 4 英文を正確に書き写しましょう

## 5 聞いて書き取りましょう (track 31)
最初は穴埋めから挑戦

1回目　　When (　　　) (　　　) call you next?

2回目

---

**意味の確認**　should「〜すべきである、〜するのがいい」
call「〜に電話する」

**よく使う表現**　**When should I 〜?**「いつ〜するのがいい？」
➡ When should I return this umbrella?
「この傘、いつ返せばいい？」

**会話ではこうなる**　A: When should I call you next?
B: Please call me on Tuesday.（火曜日に電話してください）

# 32 Why aren't you going to ...?
「どうして〜しないの？」

1回目 ☐
2回目 ☐

## 1 track 32　例文を見ながら聞きましょう
意味と音の変化を説明します

**Why aren't you going to apologize?**

どうして謝らないの？

> **こう聞こえる・こう言う**
>
> Why aren'tyou goin~~g~~ to apologize?
>
> aren't you がつながり**アーンチュウ**になります。
> going to の g が消えて**ゴウイントゥ**になります。

## 2 口慣らししましょう

① まず音の固まりごとにスムーズに言えるまで練習しましょう。
② つなげて言えるまで練習しましょう。

　　　　　　aren't you　　going to
　　　　　　　▼　　　　　　▼
Why | aren'tyou | goin to | apologize?
　　　| アーンチュウ | ゴウイントゥ |
　　　　音の固まり　　音の固まり

## 3 track 32 CDの後について言いましょう 聞言
発音とリズムをできるだけ真似してください

Why aren't you going to apologize?

## 4 英文を正確に書き写しましょう

## 5 track 32 聞いて書き取りましょう 聞書
最初は穴埋めから挑戦

1回目　Why ( ) ( ) ( ) to apologize?

2回目

---

**意味の確認**　apologize「謝罪する」

**よく使う表現**　**Why aren't you going to ～?**「どうして～しないの？」
　➡ Why aren't you going to speak to him?
　「どうして彼に話してみないの？」

**会話ではこうなる**
A: Why aren't you going to apologize?
B: First, you ought to hear my excuse.
（まず、私の言い分を聞いてよ）

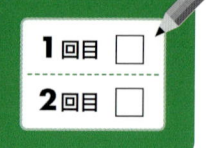

## 33 How come ...?
「どうして〜？」

1回目 ☐
2回目 ☐

### 1 例文を見ながら聞きましょう
track 33　意味と音の変化を説明します

**How come you didn't write to me?**

どうして私に手紙をくれなかったの？

---
**こう聞こえる・こう言う**

How come you didn~~'t~~ wri~~te~~ to me?

didn't write to の t と te が消えて**ディドゥンライトゥ**になります。

---

### 2 口慣らししましょう

① まず音の固まりをスムーズに言えるまで練習しましょう。
② つなげて言えるまで練習しましょう。

didn't write to
▼

How come you | **didn wri to**
**ディドゥンライトゥ** | me?

音の固まり

## 3 CDの後について言いましょう
発音とリズムをできるだけ真似してください

How come you didn't write to me?

## 4 英文を正確に書き写しましょう

## 5 聞いて書き取りましょう
最初は穴埋めから挑戦

1回目　How come you (　　) (　　) to me?

2回目

---

**意味の確認**
how come「どうして」
▶how come以下は平叙文の語順。
write to「〜に手紙を書く」

**よく使う表現**
**How come 〜?**「どうして〜?」
➡ How come you were late today?「今日はどうして遅れたの?」

**会話ではこうなる**
A: How come you didn't write to me?
B: I forgot to drop a letter into a mailbox.
（手紙を投函し忘れたんだ）

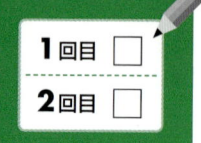

# 34 How are ...?
「～はどう？」

## 1 例文を見ながら聞きましょう
意味と音の変化を説明します

**How are the hotel's services and prices?**

そのホテルのサービスと料金はどう？

> **こう聞こえる・こう言う**
>
> How are the hotel's servicesand prices?
>
> hotel's services の s が消えて**ホウテルサーヴィスィズ**になります。さらに services と and もつながり、and の a と d が消えて、**ホウテルサーヴィスィズン**になります。

## 2 口慣らししましょう

① まず音の固まりをスムーズに言えるまで練習しましょう。
② つなげて言えるまで練習しましょう。

How are the 〔 hotel servicesn **ホウテルサーヴィスィズン** 〕 prices?

（hotel's services and ▼）

音の固まり

## 3 CDの後について言いましょう
track 34　発音とリズムをできるだけ真似してください

How are the hotel's services and prices?

## 4 英文を正確に書き写しましょう

## 5 聞いて書き取りましょう
track 34　最初は穴埋めから挑戦

1回目　How are the (　　　) (　　　) and prices?

2回目

---

**意味の確認**
hotel「ホテル」
service「サービス」
price「（ものの）値段・価格」

**よく使う表現**
**How are 〜?**「〜はどう？」
➡ How are your new glasses?「新しい眼鏡の具合はどうだい」

**会話ではこうなる**
**A:** How are the hotel's services and prices?
**B:** Not too bad.（なかなかいいですよ）

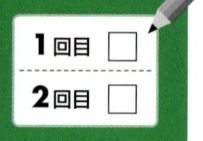

# 35 I agree with ...
「～に同感です」

1回目 □
2回目 □

## 1 例文を見ながら聞きましょう
track 35
意味と音の変化を説明します

**Thank you for your opinion. I agree with you.**

ご意見ありがとう。同感です。

### こう聞こえる・こう言う

Thankyou for youropinion. I agree wi̶t̶h you.

Thank you がつながり **サンキュウ** になります。
your opinion がつながり **ユアロピニオン** になります。
with you の th が消えて **ウイユウ** になります。

## 2 口慣らししましょう

① まず音の固まりごとにスムーズに言えるまで練習しましょう。
② つなげて言えるまで練習しましょう。

Thank you ▼ **Thankyou** サンキュウ （音の固まり）

for

your opinion ▼ **youropinion** ユアロピニオン （音の固まり）

. I agree

with you ▼ **wi you** ウイユウ （音の固まり）

.

## 3 CDの後について言いましょう
track 35
発音とリズムをできるだけ真似してください

Thank you for your opinion. I agree with you.

## 4 英文を正確に書き写しましょう

## 5 聞いて書き取りましょう
track 35
最初は穴埋めから挑戦

1回目　Thank you for (　　) (　　). I agree (　　) you.

2回目

---

**意味の確認**
Thank you for「〜をありがとう」
opinion「意見」
agree「同意する、賛成する」

**よく使う表現**
**agree with 〜**「〜の意見に同意する」
→ She didn't agree with us at first.
「彼女は初め私たちに賛成しなかった」

# 36 Would you like ...?
「～はいかがですか？」

1回目 ☐
2回目 ☐

## 1 例文を見ながら聞きましょう
track 36
意味と音の変化を説明します

**Thanks for visiting us. Would you like a drink?**
おいでいただきありがとうございます。飲み物はいかがですか？

### こう聞こえる・こう言う

Thanks for visitingus. Wouldyou likea drink?

visiting us がつながり**ヴィジティンガス**になります。
Would you がつながり**ウヂュ**になります。
そして like a がつながり**ライカ**になります。

## 2 口慣らししましょう

① まず音の固まりごとにスムーズに言えるまで練習しましょう。
② つなげて言えるまで練習しましょう。

|  | visiting us ▼ | Would you ▼ | like a ▼ |  |
|---|---|---|---|---|
| Thanks for | **visitingus**<br>**ヴィジティンガス** | **Wouldyou**<br>**ウヂュ** | **likea**<br>**ライカ** | drink? |
|  | 音の固まり | 音の固まり | 音の固まり |  |

## 3 CDの後について言いましょう 🎧🗣
track 36
発音とリズムをできるだけ真似してください

Thanks for visiting us. Would you like a drink?

## 4 英文を正確に書き写しましょう

## 5 聞いて書き取りましょう 🎧✍
track 36
最初は穴埋めから挑戦

1回目　Thanks for (　　　) (　　　). Would you (　　　) a drink?

2回目

---

**意味の確認**　Thanks for＋動詞のing形「(〜してくれて) ありがとう」
visit「〜を訪ねる」

**よく使う表現**　**Would you like 〜?**「〜はいかがですか？」
➡ Would you like some help?「お手伝いしましょうか？」

**会話ではこうなる**　A: Would you like a drink?
B: Yes, please.（はい、お願いします）
　　または No, thank you.（いいえ、結構です）

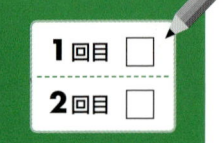

# 37 Let it go ...
「それでよしとしましょう」

1回目 ☐
2回目 ☐

## 1 例文を見ながら聞きましょう
意味と音の変化を説明します

**Let it go for today.**

今日のところはよしとしましょう。

---
**こう聞こえる・こう言う**

Letit go for today.

Let it がつながり **レティト** になります。

---

## 2 口慣らししましょう

① まず音の固まりをスムーズに言えるまで練習しましょう。
② つなげて言えるまで練習しましょう。

Let it
▼
**Letit** go for today.
レティト

音の固まり

## 3 track 37　CDの後について言いましょう　聞 言
発音とリズムをできるだけ真似してください

Let it go for today.

## 4 英文を正確に書き写しましょう

## 5 track 37　聞いて書き取りましょう　聞 書
最初は穴埋めから挑戦

1回目　(　　)(　　)(　　) for today.

2回目

---

**意味の確認**　let＋名詞＋動詞の原形「〜が…するにまかせる」

**よく使う表現**　**let it go**「〜をそのままにしておく、それでよい」
→ Although he insulted me, I let it go.
「彼はぼくをばかにしたが、ぼくは何も言わずに済ませた」
**for today**「今日のところは」
→ That's all for today.「今日はこれで終わりです」

85

# 38 Let's move on to ...

「〜に移りましょう」

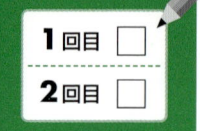

## 1 例文を見ながら聞きましょう
意味と音の変化を説明します

**Let's move on to another subject.**

別の話題に移りましょう。

---

**こう聞こえる・こう言う**

Let's <u>moveon</u> to another subject.

move on がつながり**ムーヴォン**になります。

---

## 2 口慣らししましょう

① まず音の固まりをスムーズに言えるまで練習しましょう。
② つなげて言えるまで練習しましょう。

move on
▼
Let's | moveon / ムーヴォン | to another subject.

音の固まり

## 3 CDの後について言いましょう
発音とリズムをできるだけ真似してください

Let's move on to another subject.

## 4 英文を正確に書き写しましょう

## 5 聞いて書き取りましょう
最初は穴埋めから挑戦

1回目　(　　　)(　　　)(　　　) to another subject.

2回目

---

**意味の確認**　move on to「(次の話題や議題、あるいは段階など)に進む」
subject「話題、議題」

**よく使う表現**　**Let's move on to ~「~に移りましょう」**
➡ Let's move on to the next topic on the agenda.
「次の議題に移りましょう」
▶agendaは「議題；日程」です。

# 39 Why don't you ...?

「〜すれば？」

1回目 ☐
2回目 ☐

## 1 例文を見ながら聞きましょう
意味と音の変化を説明します

**Why don't you give him the message?**

彼への伝言を伝えれば？

> **こう聞こえる・こう言う**
>
> Why don~~t~~ you give him the message?
>
> don't you の t が消えて **ドンユウ** になります。

## 2 口慣らししましょう

① まず音の固まりをスムーズに言えるまで練習しましょう。
② つなげて言えるまで練習しましょう。

don't you
▼
Why [don you / ドンユウ] give him the message?

音の固まり

## 3 CDの後について言いましょう
track 39
発音とリズムをできるだけ真似してください

Why don't you give him the message?

## 4 英文を正確に書き写しましょう




## 5 聞いて書き取りましょう
track 39
最初は穴埋めから挑戦

1回目　　(　　　) (　　　) (　　　) give him the message?

2回目


---

**意味の確認**
Why don't you＋動詞の原形？「～すれば？」
give＋人を表す名詞＋the message「～に（～への）伝言を伝える」
▶ leave a message なら「伝言を頼む」です。

**よく使う表現**
Why don't you ～?「～すれば？、～してみれば？」
➡ Why don't you try this on?「この服を着てみたら？」

# 40 Why don't we ...?
「〜しませんか？」

1回目 ☐
2回目 ☐

## 1 例文を見ながら聞きましょう
意味と音の変化を説明します

**Why don't we find out the cause of the problem?**

問題の原因を見つけ出しませんか？

### こう聞こえる・こう言う

Why don~~t~~ we findou~~t~~ / the causeof the problem?

don't weのtが消えて**ドンウイ**になります。
find outがつながりtが消えて**ファインダウ**になります。
cause ofがつながり**コーゾヴ**になります。

## 2 口慣らししましょう

① まず音の固まりごとにスムーズに言えるまで練習しましょう。
② つなげて言えるまで練習しましょう。

| | don't we ▼ | find out ▼ | | cause of ▼ | |
|---|---|---|---|---|---|
| Why | don we ドンウイ | findou ファインダウ | the | causeof コーゾヴ | the problem? |
| | 音の固まり | 音の固まり | | 音の固まり | |

意味と音の切れ目
「見つけ出しましょう」＋「問題の原因」

## 3 CDの後について言いましょう
track 40 — 発音とリズムをできるだけ真似してください

Why don't we find out the cause of the problem?

## 4 英文を正確に書き写しましょう

## 5 聞いて書き取りましょう
track 40 — 最初は穴埋めから挑戦

1回目 (　　　) (　　　) (　　　) find out the cause (　　　) the problem?

2回目

---

**意味の確認**
Why don't we＋動詞の原形？「〜しませんか？、〜しましょう」
find out「〜を見つけ出す、〜を調べる」
cause「原因、理由」

**よく使う表現**
**Why don't we 〜?「〜しませんか？」**
→ Why don't we go have a drink?「一杯飲みに行こうか」

## リスニングの「壁」を越えるためのヒント

### 英語の音の変化

　この本では、英語の音の変化について「つながる」と「消える」の2つにまとめています。日本人向けの英語のリスニング入門本では、もっと音の変化のルールを細かく分けて、例文も数多く上げている本が少なくありません。しかし、英語に慣れる前に多くのルールを身につけようとすると、情報に振り回されたり、途中で嫌になったりして、せっかくの耳のトレーニングをおろそかにしてしまうことが、長年のデータから分かっています。まず、この本の60例文を2回以上こなすことに集中してみてください。

　ここでは音の変化について、覚えておくと良い、代表的なパターンをご紹介しましょう。まず、単語が並んだときの、前の単語の最後の音と次の単語の最初の音の組み合わせについてです。

**パターン1**　「前の最後の音が子音」＋「次の最初の音が母音」→つながる

この本の例文で確認してみましょう。
- 例文1　valid in がつながりヴァリディンになります。→ [d] と [i] がつながる
- 例文2　That's a がつながりザッツアになります。→ [s] と [ə] がつながる
- 例文3　It is がつながりイティズになります → [t] と [i] がつながる

**パターン2**　「前の最後の音が子音」＋「次の最初の音が子音」→前の最後の子音が消える

この本の例文で確認してみましょう。
- 例文3　that final の t が消えてザッファイナルになります。
　　　　→ [t] と [f] で、[t] が消える
- 例文4　call back の ll が消えてコーバックになります。
　　　　→ [l] と [b] で、[l] が消える
- 例文6　right now の t が消えてライナウになります。→ [t] と [n] で、[t] が消える

　また、英語の特徴として、単語の最後の子音のうち、特に [p] [t] [k] は、単語1つだけで発音された時でも聞こえにくくなる音です。この音をはっきりと発音すると、かえって違和感が生まれます。たとえば、keep は［キープ］、cat［キャット］、look は［ルック］という具合です。こうした単語の最後のはっきり発音されない子音も、聞き間違えや聞き取れない原因の1つになります。

## COLUMN

## 英語の綴りと発音

　赤ちゃんの時に、聞いた言葉を真似て発音することで、母国語（母語）の習得が始まります。3歳以下で正確な母国語（母語）の音の情報が身につくという研究も発表されています。しかし英語のネイティヴといえども、発音と文字（綴り）の関係を学ばないわけではありません。

　日本語では3種類の文字、ひらがな、カタカナ、漢字を使います。ひらがなとカタカナは、1つの発音に対して1つの文字の組み合わせです。「あさひ」という言葉を、聞いて、話して、覚えて書けるようになる間に、発音と文字（綴り）をいっしょに身につけられるようになります。「お」と「を」や、「は」と「わ」の書き分けに少し苦労（？）するぐらいです。ですから、ひらがなやカタカナが分かるようになったあとは、漢字を本格的に習うようになるまでは、発音と文字（綴り）の関係を中心とした学習をせずに済みます。

　では、英語のネイティヴの場合はどうでしょう。ネイティヴの使う文字は、大文字小文字の区別を別にすれば、アルファベット26文字です。英語では、1つの発音は1つのアルファベットの文字だけに対応するとは限りません。たとえば、[k]という音は、c, k, ckの3通りで表せます。そのため、ネイティヴの子供は通常、5歳か6歳頃にフォニックスを学び始めます。フォニックスは、英語圏では子供に読み方を教えるための教育方法で、子供は音と文字を結びつける学習ができます。アルファベット26文字の文字としての呼び名は、A（エイ）、B（ビー）、C（スィー）……ですが、フォニックスではa（ェア）、b（ブ）、c（ク）、d（ドゥッ）というようにその文字の表す音で読みます。こうして26文字の発音を1つずつ身につけると、次は、ab（ェアブ）、eb（エブ）、ib（イブ）、ub（アブ）というように2文字の発音を学び、次に3文字の単語の発音に進みます。フォニックスを十分に習得すると、およそ75%の正確さで、辞書がなくても正しい発音で英文を読めるようになると言われています。

　英語は、他のヨーロッパの言語と比べても発音と文字（綴り）の不一致が多い言語です（スペイン語などでは、発音と綴りがほぼ1対1に対応しているため発音は比較的簡単です）。これは1400年代初頭から1600年代前半にわたって（時期については諸説ありますが）、英語の母音が大幅に変わったことが原因です（それまでは、発音と綴りの関係はローマ字とほぼ同じだったということです）。さらに、英語は、他の言語から大量の単語を借用してきました。その際に、元の綴りをあまり変えずに使うようにしたことも発音と文字（綴り）の不一致を増加させたのだと言われています。

# 41 Is there …?
「～がありますか？」

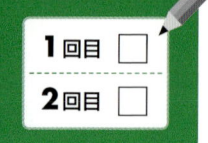

**1** track 41 　例文を見ながら聞きましょう
意味と音の変化を説明します

## Is there something wrong with that part?
その部分に何か問題がありますか？

### こう聞こえる・こう言う

Is there somethin~~g~~ wrong wi~~th~~ tha~~t~~ part?

somethingのgが消えて**サムシンロング**になります。
with that partのthとthatのtが消えて**ウイザッパート**になります。

**2** 口慣らししましょう

① まず音の固まりごとにスムーズに言えるまで練習しましょう。
② つなげて言えるまで練習しましょう。

something wrong　　with that part
▼　　　　　　　　　　▼

Is there | somethin wrong | wi tha part | ?
**サムシンロング**　　　**ウイザッパート**
音の固まり　　　　　　音の固まり

## 3 CDの後について言いましょう (track 41)

発音とリズムをできるだけ真似してください

Is there something wrong with that part?

## 4 英文を正確に書き写しましょう

## 5 聞いて書き取りましょう (track 41)

最初は穴埋めから挑戦

1回目　Is there something (　　　) (　　　) (　　　) part?

2回目

---

**意味の確認**
wrong「間違った、誤った、悪い」
part「部分」

**よく使う表現**
**There is something wrong with ～**「～に何か問題がある」
➡ There must be something wrong with the computer system.
「コンピュータシステムのどこかが悪いにちがいない」

**会話ではこうなる**
A: Is there something wrong with that part?
B: I'm afraid so.（残念ですが、あります）

# 42 Here's ...
「はい、これです」

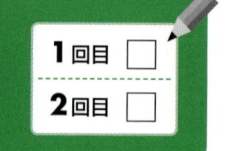

## 1 例文を見ながら聞きましょう
track 42
意味と音の変化を説明します

**Here's my ID. I don't mind if you check it.**

私の身分証です。確認してもらってかまいません。

### こう聞こえる・こう言う

Here's my ID. I don~~t~~ mindif you checkit.

don'tのtが消えてmind ifがつながり**ドンマインディフ**になります。
check itがつながり**チェッキト**になります。

## 2 口慣らししましょう

① まず音の固まりごとにスムーズに言えるまで練習しましょう。
② つなげて言えるまで練習しましょう。

Here's my ID. I | don mindif | you | checkit .
　　　　　　　　　ドンマインディフ　　　　チェッキト
　　　　　　　　　（don't mind if）　　　　（check it）
　　　　　　　　　音の固まり　　　　　　　音の固まり

## 3 CDの後について言いましょう
track 42
発音とリズムをできるだけ真似してください

Here's my ID. I don't mind if you check it.

## 4 英文を正確に書き写しましょう

## 5 聞いて書き取りましょう
track 42
最初は穴埋めから挑戦

1回目　Here's my ID. I (　　　) (　　　) (　　　) you check it.

2回目

---

**意味の確認**
ID「身分証（identification の略語）」
I don't mind ＋ if 節「〜してもらってかまいません」
▶mind は「〜をいやだと思う、〜を気にする」です。
check「〜を確認する」

**よく使う表現**
**Here's 〜.**「（何かを手渡しながら）はい、これです」
➡ Here's a present for you. It's your birthday, isn't it?
「これ、あなたへのプレゼント。お誕生日でしょ？」

# 43 There's no room for ...
「〜の余地がない」

1回目 ☐
2回目 ☐

## 1 例文を見ながら聞きましょう
track 43
意味と音の変化を説明します

**There's no room for doubt in her explanation.**

彼女の説明には疑いの余地がない。

> **こう聞こえる・こう言う**
>
> There's no room for <u>doubtinher</u> explanation.
>
> doubt in her がひとつにつながり**ダウティンハー**になります。

## 2 口慣らししましょう

① まず音の固まりをスムーズに言えるまで練習しましょう。
② つなげて言えるまで練習しましょう。

doubt in her
▼
There's no room for **doubtinher** explanation.
　　　　　　　　　　**ダウティンハー**
　　　　　　　　　　音の固まり

## 3 CDの後について言いましょう
track 43
発音とリズムをできるだけ真似してください

There's no room for doubt in her explanation.

## 4 英文を正確に書き写しましょう

## 5 聞いて書き取りましょう
track 43
最初は穴埋めから挑戦

1回目　There's no room for (　　) (　　) (　　) explanation.

2回目

---

**意味の確認**
room「余地、スペース」
doubt「疑問」
explanation「説明」

**よく使う表現**
**There's no room for ~**「~の余地はない」
⇒ There is no room for negotiation.「交渉の余地がない」
▶ negotiationは「交渉」です。「ネゴ」と略すのは日本での言い方です。

# 44 I'm so tired that ...
「とても疲れているので〜」

1回目 ☐
2回目 ☐

## 1 例文を見ながら聞きましょう
意味と音の変化を説明します

**I'm so tired that I don't feel like it.**

疲れすぎていて、その気にはなれない。

### こう聞こえる・こう言う

I'm so tire⃥d tha⃥t I don'⃥t fee⃥l likeit.

tired that I の d と t が消えて**タイアザッアイ**になります。
don't feel の t と l が消えて**ドンフィー**になります。
like it がつながり t が消えて**ライキ**になります。

## 2 口慣らししましょう

① まず音の固まりごとにスムーズに言えるまで練習しましょう。
② つなげて言えるまで練習しましょう。

I'm so | tired that I ▼ tire tha I **タイアザッアイ** 音の固まり | don't feel ▼ don fee **ドンフィー** 音の固まり | like it ▼ likei **ライキ** 音の固まり .

## 3 CDの後について言いましょう
track 44
発音とリズムをできるだけ真似してください

I'm so tired that I don't feel like it.

## 4 英文を正確に書き写しましょう

## 5 聞いて書き取りましょう
track 44
最初は穴埋めから挑戦

1回目　I'm so tired that I (　　) (　　) (　　) it.

2回目

---

**意味の確認**
so＋形容詞または副詞＋that＋文「とても〜なので…だ」
tired「疲れた、飽きて」
feel like＋名詞「〜したい；〜を飲みたい，食べたい」
▶ feel like a drink「一杯飲みたい」

**よく使う表現**
I'm so 〜 that ...「とても〜なので…」
→ I'm so busy I can't get any free time.
「すごく忙しくて自由な時間が持てない」

# 45 I was too busy to ...
「〜するには忙しすぎて」

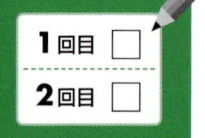

**1回目** ☐
**2回目** ☐

## 1 track 45　例文を見ながら聞きましょう
意味と音の変化を説明します

**I was too busy with my work to go out for dinner.**

仕事が忙しすぎて夕食に出かけられなかった。

> **こう聞こえる・こう言う**
>
> I was too busy with my wor~~k~~ to go ou~~t~~ for dinner.
>
> work to の k が消えて**ワートゥ**になります。
> go out for の t も消えて**ゴウアウフォー**になります。

## 2 口慣らししましょう

① まず音の固まりごとにスムーズに言えるまで練習しましょう。
② つなげて言えるまで練習しましょう。

　　　　　　　　　　　　　　work to　　go out for
　　　　　　　　　　　　　　　▼　　　　　▼
I was too busy with my | **wor to** | **go ou for** | dinner.
　　　　　　　　　　　　　ワートゥ　　ゴウアウフォー
　　　　　　　　　　　　　音の固まり　音の固まり

## 3 CDの後について言いましょう
track 45
発音とリズムをできるだけ真似してください

I was too busy with my work to go out for dinner.

## 4 英文を正確に書き写しましょう

## 5 聞いて書き取りましょう
track 45
最初は穴埋めから挑戦

1回目　I was too busy with my (　　) (　　) (　　) out for dinner.
2回目

---

**意味の確認**
too＋形容詞＋to＋動詞の原形「～すぎて…できない」
busy「忙しい、手がいっぱいで余裕がない」
go out for「～に出かける」
dinner「夕食」

**よく使う表現**
too ～ to ...「～すぎて…できない」
➡ It's too late to do anything now.
「今さらじたばたしたって遅すぎる」

103

# 46 She'll make ...

「彼女は〜になるだろう」

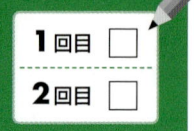

## 1 例文を見ながら聞きましょう
意味と音の変化を説明します

**She'll make a good mother.**

彼女はいい母親になるだろう。

> **こう聞こえる・こう言う**
>
> She'~~ll~~ makea goo~~d~~ mother.
>
> She'llのllが消えてmake aがつながり**シーメイカ**になります。
> goodのdが消えて**グッマザー**になります。

## 2 口慣らししましょう

① まず音の固まりごとにスムーズに言えるまで練習しましょう。
② つなげて言えるまで練習しましょう。

She'll make a    good mother
▼　　　　　　　▼

| She makea | goo mother |
| シーメイカ | グッマザー |

音の固まり　　音の固まり

## 3 CDの後について言いましょう
track 46
発音とリズムをできるだけ真似してください

She'll make a good mother.

## 4 英文を正確に書き写しましょう

## 5 聞いて書き取りましょう
track 46
最初は穴埋めから挑戦

1回目　She'll (　　　) (　　　) (　　　) mother.

2回目

---

**意味の確認**　make a ＋いい意味の形容詞＋名詞「〜になる」

**よく使う表現**　**will make a 〜**「〜になるだろう」
➡ You'll make a good teacher.「きみはいい教師になるよ」
▶ その人物の素質や努力などをほめて、いい意味で使うことが多い。

# 47 I was going to ...

「〜するつもりだった」

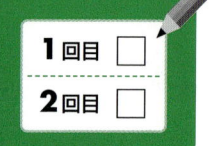

1回目 ☐
2回目 ☐

## 1 例文を見ながら聞きましょう

track 47

意味と音の変化を説明します

**I was going to tell you, but I couldn't.**

あなたに言うつもりだったけど、言えなかった。

---

**こう聞こえる・こう言う**

I was goin̶g̶ to tellyou, butI couldn̶t̶.

going to の g が消えて**ゴウイントゥ**になります。
tell you がつながり**テルユウ**になります。
but I がつながり**バッタイ**になります。
couldn't の t が消えて**クドゥン**になります。

---

## 2 口慣らししましょう

① まず音の固まりごとにスムーズに言えるまで練習しましょう。
② つなげて言えるまで練習しましょう。

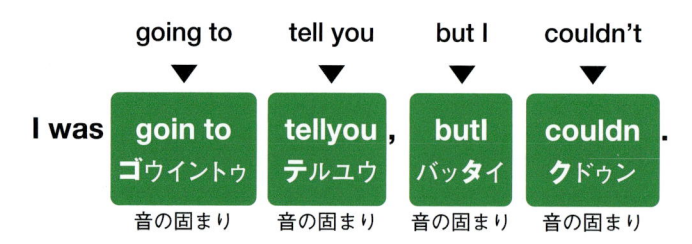

| | going to ▼ | tell you ▼ | but I ▼ | couldn't ▼ |
|---|---|---|---|---|
| I was | **goin to**  ゴウイントゥ | **tellyou** , テルユウ | **butI** バッタイ | **couldn** . クドゥン |
| | 音の固まり | 音の固まり | 音の固まり | 音の固まり |

## 3 CDの後について言いましょう
track 47
発音とリズムをできるだけ真似してください

I was going to tell you, but I couldn't.

## 4 英文を正確に書き写しましょう

## 5 聞いて書き取りましょう
track 47
最初は穴埋めから挑戦

1回目　I was (　　) (　　) (　　) (　　), but I couldn't.

2回目

---

**意味の確認**　tell「〜に話す、言う、伝える」

**よく使う表現**　was（またはwere）going to 〜「〜するつもりだった」
➡ I was going to go jogging, but I can't find my sweat shirt.
「ジョギングしようと思ったのに、ジャージが見つからない」

# 48 can afford to ...
「～する余裕がある」

1回目 ☐
2回目 ☐

## 1 track 48　例文を見ながら聞きましょう
意味と音の変化を説明します

**I can afford to pay the additional charge.**

私は、追加料金を支払う余裕がある。

### こう聞こえる・こう言う

I canaffor~~d~~ to pay the additiona~~l~~ charge.

can afford to の can afford がつながり d が消えて**キャナフォートゥ**になります。
additional charge の l が消えて**アディショナチャージ**になります。

## 2 口慣らししましょう

① まず音の固まりごとにスムーズに言えるまで練習しましょう。
② つなげて言えるまで練習しましょう。

　　　can afford to　　　　　additional charge
　　　　　▼　　　　　　　　　　　▼
I │ **canaffor to** │ pay the │ **additiona charge** │.
　│ **キャナフォ**ートゥ │　　　　│ ア**ディショナチャ**ージ │
　　　　音の固まり　　　　　　　　　音の固まり

108

## 3 CDの後について言いましょう
発音とリズムをできるだけ真似してください

I can afford to pay the additional charge.

## 4 英文を正確に書き写しましょう

## 5 聞いて書き取りましょう
最初は穴埋めから挑戦

1回目　I ( ) ( ) ( ) pay the additional charge.

2回目

---

**意味の確認**
can afford to＋動詞の原形「〜する（経済的、時間的、心理的）余裕がある」
pay「〜を支払う」
additional「追加の、特別に余分の」
charge「経費、料金」

**よく使う表現**　**I can afford to 〜**「〜する余裕がある」
➡ I can't afford to buy this car.
「予算がないのでこの車は買えない」

## 49 No wonder ...
「どうりで〜なはずだ」

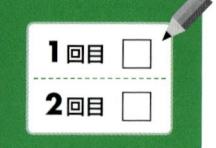

### 1 例文を見ながら聞きましょう
意味と音の変化を説明します

**No wonder she can't make it on time.**

どうりで、彼女が時間に間に合わないはずだ。

> **こう聞こえる・こう言う**
>
> No wonder / she can't makeiton time.
>
> can'tのtが消えてmake it onがひとつにつながり**キャンメイキトン**になります。

### 2 口慣らししましょう

① まず音の固まりをスムーズに言えるまで練習しましょう。
② つなげて言えるまで練習しましょう。

　　　　　　　　　can't make it on
　　　　　　　　　▼
No wonder she　| can makeiton | time.
　　　　　　　　| キャンメイキトン |
　　　　　　　　　音の固まり

意味と音の切れ目
「不思議はない」＋「彼女が時間に間に合わない」

## 3 track 49 CDの後について言いましょう

発音とリズムをできるだけ真似してください

No wonder she can't make it on time.

## 4 英文を正確に書き写しましょう

## 5 track 49 聞いて書き取りましょう

最初は穴埋めから挑戦

1回目　No wonder she can't (　　　) (　　　) (　　　) time.

2回目

---

**意味の確認**
No wonder ＋ (that) 節「どうりで〜なはずだ、〜なのは当然だ」
▶ It is no wonder ＋ (that) 節を省略した言い方です。wonder は「驚き、不思議」です。
make it on time「時間に間に合う」
▶ make it は「(乗り物や予定に) 間に合う；うまくやる」です。

**よく使う表現**
**No wonder 〜**「どうりで〜なはずだ」
➡ No wonder his grades are bad.
「彼の成績がよくないのも当然だ」

# 50 Can you ...?
「〜してくれますか？」

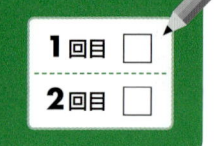

1回目 ☐
2回目 ☐

## 1 track 50 例文を見ながら聞きましょう
意味と音の変化を説明します

**Can you give me some information?**

少し情報をもらえますか？

---
**こう聞こえる・こう言う**

Canyou give me some information?

Can you がつながり **キャニュ** になります。

---

## 2 口慣らししましょう

① まず音の固まりをスムーズに言えるまで練習しましょう。
② つなげて言えるまで練習しましょう。

Can you
▼
**Canyou** give me some information?
キャニュ
音の固まり

## 3 CDの後について言いましょう
track 50
発音とリズムをできるだけ真似してください

Can you give me some information?

## 4 英文を正確に書き写しましょう

___

___

## 5 聞いて書き取りましょう
track 50
最初は穴埋めから挑戦

1回目　(　　)(　　) give (　　) some information?

2回目

___

**意味の確認**
Can you＋動詞の原形?「～してくれますか？」
give＋人を表す名詞＋名詞「～に…を与える」
information「情報」

**よく使う表現**
**Can you ～?**「～してくれますか？」
➡ Can you help me now?「今、手伝ってもらえますか？」

**会話ではこうなる**
**A:** Can you give me some information?
**B:** All right.（いいですよ）
またはI'm afraid I can't.（残念ですができません）

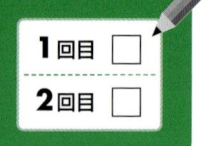

# 51 Could I ...?
「〜してもいいですか？」

1回目 ☐
2回目 ☐

## 1 例文を見ながら聞きましょう
意味と音の変化を説明します

**Could I have a look at an application form?**

申し込み書を見せていただけますか？

### こう聞こえる・こう言う

CouldI havea lookat anapplication form?

Could Iがつながり**クダイ**になります。
have aがつながり**ハヴァ**になります。
look atがつながりtが消えて**ルッカ**になります。
an applicationがつながり**アナプリケーション**になります。

## 2 口慣らししましょう

① まず音の固まりごとにスムーズに言えるまで練習しましょう。
② つなげて言えるまで練習しましょう。

| Could I | have a | look at | an application | |
|---|---|---|---|---|
| ▼ | ▼ | ▼ | ▼ | |
| CouldI クダイ | havea ハヴァ | looka ルッカ | anapplication アナプリケーション | form? |
| 音の固まり | 音の固まり | 音の固まり | 音の固まり | |

## 3 track 51 CDの後について言いましょう
発音とリズムをできるだけ真似してください

Could I have a look at an application form?

## 4 英文を正確に書き写しましょう

## 5 track 51 聞いて書き取りましょう
最初は穴埋めから挑戦

1回目　Could I have a (　　　) (　　) (　　　) application form?

2回目

---

**意味の確認**
Could I＋動詞の原形?「～してもいいですか？、～できますか？」
have a look at「～を（ちらりと）見る」
application form「申し込み用紙」

**よく使う表現**
**Could I ～**「～してもいいですか？、～できますか？」
➡ Could I have a glass of water, please?
「水を一杯いただけますか」

# 52 Could you ...?
「〜してください」

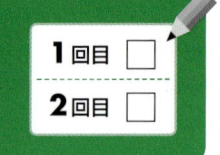

**1** track 52 例文を見ながら聞きましょう
意味と音の変化を説明します

**Could you think about the matter carefully?**

その件について、慎重に考えてください。

---

こう聞こえる・こう言う

Could you thinkabout the matter carefully?

think about がつながり about の t が消えて**シンカバウ**になります。

---

**2** 口慣らししましょう

① まず音の固まりをスムーズに言えるまで練習しましょう。
② つなげて言えるまで練習しましょう。

think about
▼
Could you **thinkabou** the matter carefully?
　　　　　**シンカバウ**
　　　　　音の固まり

## 3 track 52 　CDの後について言いましょう
発音とリズムをできるだけ真似してください

Could you think about the matter carefully?

## 4 英文を正確に書き写しましょう

## 5 track 52 　聞いて書き取りましょう
最初は穴埋めから挑戦

1回目　　Could you (　　　) (　　　) (　　　) matter carefully?

2回目

---

**意味の確認**
Could you＋動詞の原形?「～してもらえませんか?」
think about「～について考える」
matter「事柄、問題」
carefully「注意深く、慎重に」

**よく使う表現**　**Could you ～?**「～してもらえませんか?」
➡ Could you lend me your car tomorrow?
「あした車を貸してもらえませんか」

**会話ではこうなる**　**A:** Could you think about the matter carefully?
**B:** We will.（分かりました）

## 53 I do want to …
「ぜひ〜したい」

1回目 ☐
2回目 ☐

### 1 例文を見ながら聞きましょう
track 53
意味と音の変化を説明します

**I do want to continue our business relationship.**

私たちのビジネス関係をぜひ続けたいと思います。

> **こう聞こえる・こう言う**
>
> I do wan~~t~~ to continue our business relationship.
>
> want to の want の t が消えて **ウオントゥ** になります。

### 2 口慣らししましょう

① まず音の固まりをスムーズに言えるまで練習しましょう。
② つなげて言えるまで練習しましょう。

　　　　　want to
　　　　　　▼
I do | **wan to** | continue our business relationship.
　　　ウ**オ**ントゥ
　　　音の固まり

## 3 CDの後について言いましょう
track 53
発音とリズムをできるだけ真似してください

I do want to continue our business relationship.

## 4 英文を正確に書き写しましょう

## 5 聞いて書き取りましょう
track 53
最初は穴埋めから挑戦

1回目　I do (　　　) (　　　) continue (　　　) business relationship.

2回目

---

**意味の確認**
I do want to ＋動詞の原形「私はぜひ～したい」
▶ do は次に続く動詞 want を強調しています。
continue「～を続ける」
relationship「関係、結びつき」

**よく使う表現**
**I do want to ～**「ぜひ～したい」
➡ I do want to marry her.「どうしても彼女と結婚したい」

# 54 You have to ...
「〜しなければいけない」

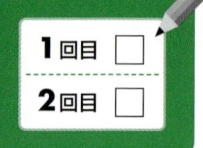

## 1 例文を見ながら聞きましょう
意味と音の変化を説明します

**You have to keep making an effort.**

努力し続けなければいけない。

---
**こう聞こえる・こう言う**

You haveto keep makinganeffort.

have to がつながり**ハヴトゥ**になります。
keep の p が消えて making an effort がひとつにつながり**キーメイキンガネフォート**になります。

---

## 2 口慣らししましょう

① まず音の固まりごとにスムーズに言えるまで練習しましょう。
② つなげて言えるまで練習しましょう。

have to ▼ keep making an effort ▼

You | haveto | kee makinganeffort |
**ハヴトゥ** **キーメイキンガネフォート**
音の固まり　音の固まり

## 3 track 54 CDの後について言いましょう
発音とリズムをできるだけ真似してください

You have to keep making an effort.

## 4 英文を正確に書き写しましょう

## 5 track 54 聞いて書き取りましょう
最初は穴埋めから挑戦

1回目　You have to keep (　　　) (　　　) (　　　).

2回目

---

**意味の確認**　keep＋動詞のing形「〜し続ける」
make an effort「努力する」
▶effort は「努力、頑張り、業績」です。

**よく使う表現**　**keep …ing「〜し続ける」**
➡ Keep fighting. We'll win in the end.
「戦い続けるんだ。最後には勝てるよ」

# 55 I used to ...
「〜したものだ」

1回目 ☐
2回目 ☐

## 1 例文を見ながら聞きましょう
意味と音の変化を説明します

**I used to have a paid vacation.**

以前は、有給休暇があったものだ。

---

**こう聞こえる・こう言う**

I use~~d~~ to havea pai~~d~~ vacation.

used toのdが消えて**ユーストゥ**になります。
have aがつながり**ハヴァ**になります。
paid vacationのdが消えて**ペイヴェケイション**になります。

---

## 2 口慣らししましょう

① まず音の固まりごとにスムーズに言えるまで練習しましょう。
② つなげて言えるまで練習しましょう。

used to ▼ | have a ▼ | paid vacation ▼

I | **use to** ユーストゥ | **havea** ハヴァ | **pai vacation** ペイヴェ**ケイ**ション .

音の固まり　音の固まり　音の固まり

## 3 CDの後について言いましょう
発音とリズムをできるだけ真似してください

I used to have a paid vacation.

## 4 英文を正確に書き写しましょう

## 5 聞いて書き取りましょう
最初は穴埋めから挑戦

1回目　I ( ) ( ) ( ) ( ) paid vacation.

2回目

---

**意味の確認**　used to＋動詞の原形「以前は〜していた、〜したものだ」
paid vacation「有給休暇」

**よく使う表現**　**I used to 〜**「以前は〜だった、〜したものだ」
➡ I used to be an alcoholic.
「私はかつてアルコール依存症だった」

# 56 May I ...?
「〜したいのですが」

## 1 例文を見ながら聞きましょう
意味と音の変化を説明します

**This bread is delicious. May I have some more?**

このパンおいしいです。もう少しいただけますか？

> **こう聞こえる・こう言う**
>
> This breadis delicious. May I have some more?
>
> bread is がつながり **ブレッディズ** になります。

## 2 口慣らししましょう

① まず音の固まりをスムーズに言えるまで練習しましょう。
② つなげて言えるまで練習しましょう。

bread is
▼
This **breadis** delicious. May I have some more?
　　 ブレッディズ
　　 音の固まり

## 3 CDの後について言いましょう
発音とリズムをできるだけ真似してください

This bread is delicious. May I have some more?

## 4 英文を正確に書き写しましょう

## 5 聞いて書き取りましょう
最初は穴埋めから挑戦

1回目　This bread (　　) delicious. (　　) (　　) have some more?

2回目

---

**意味の確認**
bread「パン」
delicious「とてもおいしい」
May I＋動詞の原形？「〜したいのですが、〜してもいいですか」

**よく使う表現**　May I 〜?「〜したいのですが」
➡ May I borrow an umbrella?「傘を貸していただけますか」

**会話ではこうなる**
A: This bread is delicious. May I have some more?
B: Sure. I'm glad you like it.
（もちろん。気に入ってくれてうれしいです）

## 57 I'd like to ...
「〜したいのですが」

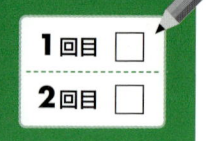

1回目 ☐
2回目 ☐

### 1 track 57　例文を見ながら聞きましょう
意味と音の変化を説明します

**I'd like to ask you a favor. Would you take a picture of us?**

お願いがあるのですが。私たちの写真を撮ってもらえますか？

---

**こう聞こえる・こう言う**

I'd like to ask you a favor. Wouldyou takea pictureofus?

Would you がつながり **ウヂュ** になります。
take a がつながり **テイカ** になります。
picture of us がひとつにつながり **ピクチャロヴァス** になります。

---

### 2 口慣らししましょう

① まず音の固まりごとにスムーズに言えるまで練習しましょう。
② つなげて言えるまで練習しましょう。

|  | Would you ▼ | take a ▼ | picture of us ▼ |
|---|---|---|---|
| I'd like to ask you a favor. | **Wouldyou** ウヂュ | **takea** テイカ | **pictureofus** ピクチャロヴァス ? |
|  | 音の固まり | 音の固まり | 音の固まり |

## 3 CDの後について言いましょう
track 57
発音とリズムをできるだけ真似してください

I'd like to ask you a favor. Would you take a picture of us?

## 4 英文を正確に書き写しましょう

## 5 聞いて書き取りましょう
track 57
最初は穴埋めから挑戦

1回目　I'd like to ask you a favor. Would you (　　　) (　　　) (　　　) of us?

2回目

---

**意味の確認**
I'd like to ask you a favor.「お願いがあるのですが」
Would you ＋動詞の原形?「〜してくれますか？」
take a picture of「〜の写真を撮る」

**よく使う表現**
**I'd like to 〜**「〜したい」
➡ I'd like to work with animals.「動物と関われる職につきたい」

**会話ではこうなる**
**A:** Would you take a picture of us?
**B:** Why not?（いいですよ）

# 58 Would you ...?
「〜してもらえますか」

1回目 □
2回目 □

## 1 例文を見ながら聞きましょう
track 58
意味と音の変化を説明します

**Would you tell me how much that corner desk is?**

あのコーナー机がいくらなのか教えてもらえますか？

### こう聞こえる・こう言う

Wouldyou tell me / how much that corner deskis?

Would you がつながり tell の ll が消えて**ウヂュテミ**になります。
that corner の t が消えて**ザコーナー**になります。
desk is がつながり**デスキズ**になります。

## 2 口慣らししましょう

① まず音の固まりごとにスムーズに言えるまで練習しましょう。
② つなげて言えるまで練習しましょう。

| Would you tell me | | that corner | desk is |
|---|---|---|---|
| ▼ | | ▼ | ▼ |
| Wouldyou te me ウジュ**テミ** | how much | tha corner **ザ**コーナー | deskis **デス**キズ ? |
| 音の固まり | | 音の固まり | 音の固まり |

↑
意味と音の切れ目
「教えてもらえますか」＋「あのコーナー机はいくらなのか」

## 3 track 58 　CDの後について言いましょう
発音とリズムをできるだけ真似してください

Would you tell me how much that corner desk is?

## 4 英文を正確に書き写しましょう

## 5 track 58 　聞いて書き取りましょう
最初は穴埋めから挑戦

1回目　(　　　)(　　　)(　　　)(　　　) how much that corner desk is?

2回目

---

**意味の確認**　Would you＋動詞の原形?「～してもらえますか?」
tell「～に教える、～を示す」

**よく使う表現**　**Would you tell me ～**「～を教えてもらえますか」
➡ Would you tell me where you live?
「どちらにお住まいか教えてもらえますか?」

**会話ではこうなる**　**A:** Would you tell me how much that corner desk is?
**B:** Two hundred dollars.（200ドルです）

129

# 59 is called ...
「〜と呼ばれる」

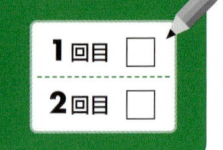

1回目 ☐
2回目 ☐

## 1 例文を見ながら聞きましょう
意味と音の変化を説明します

**The procedure is called gene recombination.**

この手法は、遺伝子組み換えと呼ばれるものです。

> **こう聞こえる・こう言う**
>
> The procedure is call~~ed~~ gene recombination.
>
> called gene の ed が消えて**コールジーン**になります。

## 2 口慣らししましょう

① まず音の固まりをスムーズに言えるまで練習しましょう。
② つなげて言えるまで練習しましょう。

called gene
▼

The procedure is [ **call gene** コールジーン ] recombination.

音の固まり

## 3 CDの後について言いましょう
track 59
発音とリズムをできるだけ真似してください

The procedure is called gene recombination.

## 4 英文を正確に書き写しましょう

## 5 聞いて書き取りましょう
track 59
最初は穴埋めから挑戦

1回目　The procedure (　　) (　　　　) gene recombination.

2回目

---

**意味の確認**　procedure「手順、手法、手続き」
is called ＋名詞「〜と呼ばれる」
▶ call ＋名詞A＋名詞B「AをBと呼ぶ」の受け身形です。
gene recombination「遺伝子組み換え」

**よく使う表現**　**is called 〜**「〜と呼ばれる」
➡ Chicago is called the Windy City.
「シカゴは「風の都市」と呼ばれている」

## 60 I can't believe ...
「〜だなんて信じられない」

1回目 ☐
2回目 ☐

### 1 例文を見ながら聞きましょう
意味と音の変化を説明します

**I can't believe all these problems are solved.**

これらの問題がすべて解決したなんて、信じられない。

#### こう聞こえる・こう言う

I can~~t~~ believe / all these <u>problemsare</u> solved.

can't believe の t が消えて **キャンビリーヴ** になります。
problems are がつながり **プロブレムザァ** になります。

### 2 口慣らししましょう

① まず音の固まりごとにスムーズに言えるまで練習しましょう。
② つなげて言えるまで練習しましょう。

can't believe ▼　　　　problems are ▼

I [ can believe キャンビリーヴ ] all these [ problemsare プロブレムザァ ] solved.

音の固まり　　　　　　　　　　　音の固まり
　　　　↑
　　意味と音の切れ目
　「信じられない」＋「これらの問題がすべて解決した」

## 3 CDの後について言いましょう
track 60
発音とリズムをできるだけ真似してください

I can't believe all these problems are solved.

## 4 英文を正確に書き写しましょう

## 5 聞いて書き取りましょう
track 60
最初は穴埋めから挑戦

1回目　I (　　　) believe all these problems (　　　) (　　　).

2回目

---

**意味の確認**
I can't believe ＋ (that) 節「〜なんて信じられない」
problem「問題」
solve「〜を解決する」
▶ be solved は「〜が解決される」という意味で、受け身形。

**よく使う表現**
**I can't believe 〜**「〜だなんて信じられない」
→ I can't believe I'm meeting you here.
「こんな所で君に会うなんてまるで夢のようだ」

133

# リスニングの「壁」を越えるための 60 例文リスト

CDの最後に例文（英語と日本語訳）をあらためて収録しています。復習、耳慣らしのトレーニングなどに役立ててください。

**track 61**

1. The guarantee is valid in this case.
   この場合は、保証が適用されます。

2. That's a waste of time.
   骨折り損だよ。

3. Is that final? It is nice news.
   最終決定ですか？　良い知らせです。

4. I'll be sure to call back later.
   後で必ず電話をかけ直します。

5. I'm not sure if we can secure enough budget.
   十分な予算を確保できるかどうか、分からない。

**track 62**

6. Please leave me alone right now.
   今はそっとしておいてください。

7. Please feel free to call me anytime.
   いつでも遠慮なく電話してください。

8. Please be careful when you get out of the taxi.
   気をつけてタクシーから降りてください。

9. I found his new film very interesting.
   彼の新作映画は、とても面白いと思った。

10. As I said, it looks like rain.
    私が言った通り、雨になりそうだ。

**track 63**

11  I said to him, "Keep it a secret."
「秘密にしてね」と彼に言った。

12  He didn't say a word during the meeting.
会議中、彼は一言も発言しなかった。

13  I didn't mean to bother you.
邪魔するつもりはなかった。

14  I see what you mean.
おっしゃることは分かります。

15  I'm surprised I ran into them.
彼らにばったり出会ったのには驚いた。

**track 64**

16  This printer has run out of ink.
このプリンターはインク切れだ。

17  You know what I'm saying?
私の言ってる意味が分かる？

18  You know how you fill out this document, don't you?
この書類の記入の仕方は分かりますね。

19  Do you know of any good place to have lunch?
昼食にどこかいい店を知っていますか？

20  I have an appointment with the corporate lawyer.
会社の顧問弁護士に会う約束がある。

**track 65**

21  I have trouble remembering names recently.
　　最近、名前を覚えるのに苦労している。

22  I'm happy to hear about your promotion.
　　あなたの昇進の話を聞いてうれしい。

23  I've never heard of that television series.
　　あのテレビのシリーズ番組については聞いたことがない。

24  I'm looking forward to your reply.
　　お返事をいただければ幸いです。

25  I came up with an attractive business plan.
　　魅力的な事業計画を思いついた。

**track 66**

26  We came close to winning that contract.
　　もう少しで、あの契約をものにできそうだった。

27  The interview went on longer than I expected.
　　面接は私が予想したよりも長く続いた。

28  What's going on?
　　どうなっているの？

29  What happened to her on her way home?
　　家に帰る途中で彼女に何が起こったの？

30  What about our dinner reservation?
　　夕食の予約はどうなってるの？

**track 67**

31  When should I call you next?
次は、いつ電話したらいいですか？

32  Why aren't you going to apologize?
どうして謝らないの？

33  How come you didn't write to me?
どうして私に手紙をくれなかったの？

34  How are the hotel's services and prices?
そのホテルのサービスと料金はどう？

35  Thank you for your opinion. I agree with you.
ご意見ありがとう。同感です。

**track 68**

36  Thanks for visiting us. Would you like a drink?
おいでいただきありがとうございます。飲み物はいかがですか？

37  Let it go for today.
今日のところはよしとしましょう。

38  Let's move on to another subject.
別の話題に移りましょう。

39  Why don't you give him the message?
彼への伝言を伝えれば？

40  Why don't we find out the cause of the problem?
問題の原因を見つけ出しませんか？

**track 69**

41 Is there something wrong with that part?
その部分に何か問題がありますか？

42 Here's my ID. I don't mind if you check it.
私の身分証です。確認してもらってかまいません。

43 There's no room for doubt in her explanation.
彼女の説明には疑いの余地がない。

44 I'm so tired that I don't feel like it.
疲れすぎていて、その気にはなれない。

45 I was too busy with my work to go out for dinner.
仕事が忙しすぎて夕食に出かけられなかった。

**track 70**

46 She'll make a good mother.
彼女はいい母親になるだろう。

47 I was going to tell you, but I couldn't.
あなたに言うつもりだったけど、言えなかった。

48 I can afford to pay the additional charge.
私は、追加料金を支払う余裕がある。

49 No wonder she can't make it on time.
どうりで、彼女が時間に間に合わないはずだ。

50 Can you give me some information?
少し情報をもらえますか？

**track 71**

51 Could I have a look at an application form?
申し込み書を見せていただけますか？

52 Could you think about the matter carefully?
その件について、慎重に考えてください。

53 I do want to continue our business relationship.
私たちのビジネス関係をぜひ続けたいと思います。

54 You have to keep making an effort.
努力し続けなければいけない。

55 I used to have a paid vacation.
以前は、有給休暇があったものだ。

**track 72**

56 This bread is delicious. May I have some more?
このパンおいしいです。もう少しいただけますか？

57 I'd like to ask you a favor. Would you take a picture of us?
お願いがあるのですが。私たちの写真を撮ってもらえますか？

58 Would you tell me how much that corner desk is?
あのコーナー机がいくらなのか教えてもらえますか？

59 The procedure is called gene recombination.
この手法は、遺伝子組み換えと呼ばれるものです。

60 I can't believe all these problems are solved.
これらの問題がすべて解決したなんて、信じられない。

ハイペリオン（株）英語教育事業部
TOEIC®テストの企画・開発に関わったスタッフを中心に、英語教育事業を通して、大手企業の海外赴任者社員研修をはじめ、新入社員研修の実施や国際人育成プログラムに貢献する。
また、学校向けTOEIC®テスト対策講座を運営し、講師養成、英語教材開発に実績があり、英語教育関係者から高い評価を得ている。
http://hyperion-net.jp

**教材開発・構成担当**　　矢野　毅

**CDナレーター**　　Rumiko Varnes

---

超基礎
聞くための英語練習ノート Step 1

2009年4月25日　　初版第1刷発行

---

編　者　　ハイペリオン 英語教育事業部

発行者　　原　雅久

発行所　　株式会社 朝日出版社
　　　　　〒101-0065 東京都千代田区西神田 3-3-5
　　　　　TEL (03) 3263-3321（代表）
　　　　　FAX (03) 5226-9499
　　　　　http://www.asahipress.com（PC）
　　　　　http://asahipress.jp（ケータイ）
　　　　　振替口座　00140-2-46008

---

装　丁　　岡本 健＋
本文DTP　　メディアアート
CD録音・編集　　ELEC（財団法人英語教育協議会）
印刷・製本　　図書印刷株式会社

ISBN978-4-255-00472-3 C0082
©Hyperion and Asahi Shuppan-sha, 2009
Printed in Japan
乱丁・落丁本はお取り替えいたします。
本書の一部又は全部を無断で複写複製（コピー）することを禁じます。
定価はカバーに表示してあります。

『超基礎 聞くための英語練習ノート❶❷』
を終えた方にオススメ

## やさしい CNN NEWS DIGEST

CD付き

Vol.1
Vol.2
Vol.3

各・定価1,050円
（税込）

リスニング・速読・ボキャビル、一挙三得の英語学習！

**1本30秒の短いニュースだから、誰でも気軽に聴ける・読める**
全部で30本だから、1日1分×1カ月で終えられる

**ボキャビルに便利な2色刷**
文脈の中で、単語・熟語のニュアンスや使い方も身につく

**全部のニュースに「ナチュラル音声＋ゆっくり音声」付き**
だから、初心者も中・上級者も自分に合った学習ができる

**米国・カナダ・英国・豪州、4つの発音のニュースを収録**
内容理解を問う4択問題も付いて、TOEIC対策にも最適

朝日出版社 〒101-0065東京都千代田区西神田3-3-5 TEL 03-3263-3321

# CNNから生まれたベストセラー！

# 100万語[聴破]CDシリーズ

CNNの放送をそのままパック。ナチュラルで良質で、
しかもライブ感にあふれた音声ばかりを収録。
英文スクリプトに日本語訳と語注を加えた
添付のテキストを活用すれば、リスニング力はさらにアップ。

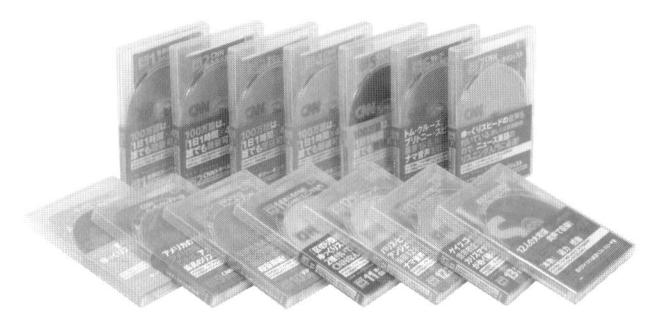

CNNライブCD＋新書判テキスト

既刊1〜13巻 各・定価1,260円(税込)／特別巻 定価1,470円(税込)

❶ **世界のスーパーVIPスペシャル**
クリントン夫妻、ブッシュ父子、エリザベス女王、ブレア、ほか

❷ **CNNトラベル・ガイド**
ハリウッド、ハワイ、ニューヨーク、オーストラリア、ロンドン、ほか

❸ **ラリー・キング・ライブ・ベスト**
クリントン夫妻、ジミー・カーター、ジャネット・ジャクソン、ほか

❹ **CNN日本スペシャル**
緒方貞子、「靖国」と日本人の歴史認識、日本の漫画、ほか

❺ **CNNビジネス・スペシャル**
ビル・ゲイツ、カルロス・ゴーン、出井伸之、ブッシュ、ほか

❻ **セレブ・インタビューズ**
アンジェリーナ・ジョリー、トム・クルーズ、ブラッド・ピット、ほか

❼ **CNNニュース・ダイジェスト**
短いニュースが60本。20本はゆっくりスピード音声付。

❽ **ゆっくりニュース・ダイジェスト**
1本30秒前後の短いニュースが45本。初心者でも大安心。

❾ **CNNインサイド・アメリカ**
家庭事情から、教育・雇用問題まで、最新のアメリカ事情を。

❿ **VIP&セレブスピーク・アウト！**
レーガン、シュワルツェネッガー、セリーヌ・ディオン、ほか

⓫ **初心者からのCNNリスニング入門**
ステップ式トレーニングで、リスニングの壁をらくらくクリア！

⓬ **セレブ・インタビューズ 2**
パリス・ヒルトン、アンジェリーナ・ジョリーなど、12名のナマ音声

⓭ **ビジネスのカリスマ・インタビューズ**
ゲイツ、ゴーンなど、世界的企業を率いるカリスマが熱く語る

特別巻 **歴代アメリカ大統領ベスト・スピーチ集**
ルーズベルト、ケネディ、ニクソン、レーガン、ブッシュなど12名

朝日出版社 〒101-0065東京都千代田区西神田3-3-5 TEL 03-3263-3321

# 歴史はこの演説でつくられた！

生声CD ［英-日］完全対訳と詳しい語注付き。
CDには臨場感あふれる生の音声を収録。 対訳

CNN English Express 編集部・編　定価・各1,050円（税込）

## オバマ演説集

### 伝説の「基調演説」から「勝利宣言」まで。

- CNNが伝えたバラク・オバマの半生
- 2004年民主党大会基調演説「大いなる野望」
- ヒラリーとの激しい指名争いの中で
- 指名受諾演説「アメリカの約束」
- 勝利演説「アメリカに変化が訪れた」

## オバマ大統領就任演説

### 新大統領誕生！
### 1/20の歴史的演説を全文収録

リンカーン「ゲティスバーグ演説」
ケネディ大統領就任演説も収録。

リンカーン「ゲティスバーグ演説」
ケネディ大統領就任演説も収録！

**朝日出版社** 〒101-0065 東京都千代田区西神田3-3-5　TEL 03-3263-3321